EL CLUB DE LA LUCHA

LA LUCHA

FEMINISTA

CLF PARA SIEMPRE

* Este libro cuesta un 21 por ciento más a los hombres

EL CLUB DE LA LUCHA

FEMINISTA

Manual de SUPERVIVENCIA en el TRABAJO para MUJERES

JESSICA BENNETT

Ilustraciones de Saskia Wariner
y Hilary Fitgerald Campbell

Traducción de
Mariola Cortés-Cros

conecta

Los libros de Conecta están disponibles para promociones y compras
por parte de empresas, en condiciones especiales para grandes cantidades.
Existe también la posibilidad de crear ediciones especiales, incluidas ediciones con
cubierta personalizada y logotipos corporativos para determinadas ocasiones.

Para más información, póngase en contacto con:
edicionesespeciales@penguinrandomhouse.com

A fin de mantener su anonimato, se han cambiado los nombres y las características personales de los miembros del Club de la Lucha. En algunos casos se han combinado rasgos de varios personajes y se ha alterado la línea temporal para que la narración resulte fluida.

Título original: *Feminist Fight Club*
Primera edición: marzo de 2018

© 2016, Jessica Bennett
© 2018, Penguin Random House Grupo Editorial, S. A. U.
Travessera de Gràcia, 47-49. 08021 Barcelona
© 2018, María de la O Cortés Cros, por la traducción
Diseñado por Leah Carlson-Stanisic

Ilustraciones de Saskia Wariner y Hilary Fitzgerald Campbell.
Ilustración de la p. 86 de Miloje / Shutterstock, Inc.
Salpicaduras de tinta por AnaWhire / Shutterstock, Inc.
Ilustración de la granada por Kovalenko Alexander / Shutterstock, Inc.
Ilustración del puño de Zmitter /Shutterstock, Inc.

Printed in Spain – Impreso en España

ISBN: 978-84-16883-28-8
Depósito legal: B-240-2018

Compuesto en M. I. Maquetación, S. L.

Impreso en Limpergraf
Barberà del Vallès (Barcelona)

CN 8 3 2 8 A

Penguin
Random House
Grupo Editorial

A MI PROPIO CLUB DE LA LUCHA FEMINISTA:

Sois la pandilla, la hermandad, el ejército de chicas, las *#pussyposse* y las mejores compañeras de batalla que cualquier mujer podría desear.

Sois mis Reinas.

Índice

Nota de la autora: La lucha por la igualdad
en un mundo posTrump...XI

Normas del Club de la Lucha Feminista...XVII

Introducción. XIX

Primera parte IDENTIFICA AL ENEMIGO 1

Segunda parte IDENTIFÍCATE A TI MISMA 47

Tercera parte TRAMPAS EXPLOSIVAS 103

Cuarta parte ALZA LA VOZ...................... 151

Quinta parte QUE TE DEN. PÁGAME 191

Sexta parte ¿QHJ? ¿QUÉ HARÍA JOSH?............. 211

Conclusión.................................... 243

¡Cómo poner en marcha un Club de la Lucha
Feminista!...247

Chicas rebeldes: Los CLF a lo largo
de la historia...257

Espacio para apuntes de batalla...270

Agradecimientos...273

Notas...279

Nota de la autora:

LA LUCHA POR LA IGUALDAD EN UN MUNDO POSTRUMP

PATRIARCADO

FEMINISMO

Un mes antes de que este libro se publicara, Roger Ailes, fundador y presidente de Fox News, dimitió por la gran cantidad de acusaciones de acoso sexual que se le habían atribuido a lo largo de su carrera. Un mes después, se hicieron públicas unas grabaciones de Donald Trump —de cuya campaña el señor Ailes había sido asesor de confianza— en las que se lo oía alardeando de haber agredido sexualmente a varias mujeres, de haberlas besado sin su consentimiento y de haberlas «agarrado por el coño».

Como a muchos otros estadounidenses, la mandíbula se me descolgó hasta el suelo de puro asombro. Llamadme ingenua, pero confiaba en celebrar la victoria de la primera presidenta y, de repente, me encontré con que estábamos en un bucle dominado por dos hombres que se comportaban como depredadores sexuales y violaban a las mujeres como si tal cosa. Y aunque muchos ciudadanos se llevaron las manos a la cabeza, al final ninguno de los dos pagó caro por ello. El señor Ailes dejó Fox tras acordar una compensación de cuarenta millones de dólares. En cuanto al señor Trump... es el presidente de Estados Unidos.

Escribí un libro que, de principio a fin, plasmaba las distintas maneras «sutiles» de sexismo y los prejuicios que definen a quienes ostentan el poder en mi país. Pero esos hombres, según iban apareciendo en escena, parecían calcos de antecesores de otros tiempos, con rasgos caricaturescos y exagerados, y sin mostrar ningún remordimiento.

Sin embargo, la «sutileza» también estaba ahí. Es lo que los había llevado hasta la cima.

La sutileza estaba implícita en el permanente cuestionamiento de la honradez de la candidata femenina, Hillary Clinton, y en el escrutinio continuo de sus aptitudes, aunque no de las de Trump, lo que confirma la teoría, avalada por estudios, acerca de que las mujeres deben tener el doble de formación para que se las considere al mismo nivel que los hombres, más aún si son negras.

Estaba también en el modo en el que la llamábamos «chillona» —un término que se usa con el doble de frecuencia para describir a una mujer—, o sugiriendo, como muchos periodistas hicieron, que debería sonreír más. (¿Acaso alguien le ha dicho alguna vez a Donald Trump que sonría?)

El sexismo sutil se observa asimismo en el hecho de que la carrera de Donald Trump esté salpicada de errores y meteduras de pata y aun así seamos capaces de disculparlo... porque los hombres se equivocan. Por contra, nos obsesionamos con las equivocaciones de las mujeres, juzgándolas con muchísima más dureza y recordándoles sus fallos durante más tiempo.

Sin ir más lejos, en el debate televisado de ambos candidatos a la presidencia de Estados Unidos, Trump pudo interrumpir a su oponente cuarenta y tres veces, amenazarla y hasta llamarla «asquerosa», y sin embargo ella fue quien tuvo que esforzarse por demostrar autoridad y amabilidad en una combinación difícil: un atisbo de debilidad, y carecía de «aguante»; pero si era muy dura, entonces era «fría», «distante», «un robot», y se le reprochaba constantemente que no tenía el «carácter» necesario, y eso se lo decía un hombre al que solo le faltó echar espuma por la boca.

La raíz del sexismo sutil no está en Donald Trump, o en ningún otro hombre, ni mucho menos. Está profundamente arraigada en nuestra cultura, en la que durante cientos de años han sido ellos los que estaban al mando, los que se creían con el derecho a que sus voces se oyeran. Ese cuento ha generado un efecto de filtración y ha calado en nuestras mentes.

Y empieza pronto. Ya en la enseñanza secundaria, los chicos intervienen atropelladamente en los debates de clase ocho veces más que las chicas, a quienes se educa para levantar la mano y esperar su turno. Hasta en las películas y las series de televisión, los actores masculinos son los que interpretan papeles con discursos más agresivos, y hablan y aparecen en pantalla el doble de tiempo que sus colegas femeninas (también es más frecuente que los personajes de ellos sean científicos, políticos o abogados). Así, no debería sorprendernos que a la gente le resulte más fácil asociar palabras como «presidente» y «jefe» con imágenes y nombres masculinos, mientras que otras como «ayudante» o «auxiliar» la lleven a pensar de manera instintiva en femenino... Esto es lo que se nos ha enseñado.

La buena noticia es que la complacencia ya no es una opción. En enero de 2017, dos meses antes de que escribiera este libro, tuvo lugar la manifestación unitaria más grande de la historia reciente, la Marcha de las Mujeres, que congregó alrededor de cuatro millones de mujeres y hombres en 673 ciudades de todo el mundo. Los estadounidenses acudieron en tropel para protestar contra la persecución de los inmigrantes –los musulmanes, en especial– y contra la discriminación de los transexuales, a fin de que puedan usar el aseo del género al que pertenezcan, y muchas reivindicaciones más. Resulta significativo que muchas de las personas que primero se sumaron a la Marcha fueran mujeres; entre ellas Ann Donnelly, la jueza federal que suspendió las deportaciones de refugiados, y Sally Yates, la fiscal general que perdió el empleo por decir que ella no defendería en los juzgados la orden ejecutiva sobre inmigración de Trump.

Este es un libro sobre cómo batallar contra el sexismo en el trabajo. Pero también para que nos unamos y luchemos juntos contra todo tipo de injusticias. Ser un miembro del Club de la Lucha significa apoyar a tu compañera; también implica denunciar el racismo, el sexismo, la homofobia y la xenofobia en cualquier contexto. La unión hace la fuerza. Ahora más que nunca necesitamos mantenernos unidos... Y necesitamos más mujeres, y hombres, a nuestro lado.

Saludos desde la resistencia,

Jessica Bennett
Marzo de 2017

EL CLUB DE LA LUCHA FEMINISTA

KIT PARA PRINCIPIANTES

ESTA IDEA ES DE

---

1. TIRACHINAS. PARA DAR EN PLENA BOCA A LOS QUE INTERRUMPAN.

2. MEGÁFONO. PARA QUE SE OIGA TU VOZ.

3. PAÑUELOS. PORQUE A VECES SE LLORA.

4. HORQUILLAS. PARA QUE EL PELO NO TE MOLESTE DURANTE LA BATALLA.

5. SELLO DE CAUCHO PERSONALIZADO. PARA QUE NADIE PUEDA ROBARTE LAS IDEAS.

6. WHISKY. NUNCA SE SABE CUÁNDO LO VAS A NECESITAR.

feminista / n.
Persona que cree en la igualdad entre ambos sexos. (¡TÚ!)

patriarcado / n.
Sistema creado por y para los hombres. No, no todos los hombres forman parte del patriarcado. Pero nos referimos al patriarcado como «El Hombre».

Club de la Lucha Feminista / n.
Tu equipo, tu grupo, tu pandilla de amigas; tu sistema de apoyo y ayuda incondicional en cuestiones profesionales; tus hermanas de sangre.

NORMAS DEL CLUB DE LA LUCHA FEMINISTA

Norma n.º 1: Debes hablar del Club de la Lucha Feminista.

Norma n.º 2: ¡¡¡DEBES hablar del Club de la Lucha Feminista!!!

Norma n.º 3: Luchamos contra el PATRIARCADO, no entre nosotras.

Norma n.º 4: Para formar parte del CLF debes prometer que ayudarás a otras mujeres. a todas las mujeres. Mantén tu vagina firme junto a tus compañeras de lucha.

Norma n.º 5: El CLF es inclusivo y en él no hay jerarquías. Todos los luchadores son iguales.

Norma n.º 6: Si alguien pide parar, vacila o se rinde, no significa que la lucha haya llegado a su fin. Esta no acaba hasta que consigamos la igualdad para TODAS las mujeres.

Norma n.º 7: Esto puede tardar bastante. Así que ponte tu ropa cómoda favorita.

Norma n.º 8: Aquí no hay marginación que valga. ¡Debemos luchar todas!

PREPÁRATE PARA LA BATALLA

La ley no puede actuar por nosotras. Debemos hacerlo nosotras mismas. Las mujeres de este país deben convertirse en revolucionarias.

SHIRLEY GHISHOLM, primera mujer afroamericana elegida congresista de Estados Unidos

Era un club de lucha, solo que sin luchar y sin hombres. Cada mes, más o menos, una docena de nosotras —mujeres de entre veinte y treinta años, escritoras en ciernes o bien con otras ocupaciones creativas, la mayoría con un segundo empleo— nos reuníamos en el piso de una amiga (de hecho, era el de sus padres, ya que ninguna de nosotras vivía en un lugar lo suficientemente grande para que cupiésemos todas). Ella ponía la pasta, o la ensalada... o la ensalada de pasta, y las demás llevábamos el vino (y el agua con gas, porque no sé por qué, pero a todas nos encantaba). Con los platos en el regazo, nos arrellanábamos en el sofá lleno de cojines de su sala de estar para hablar —o más bien para quejarnos— de nuestros empleos.

Al principio, las normas del Club de la Lucha eran sencillas:

**Lo que se decía en el grupo se quedaba en el grupo.
Quienes formábamos parte de él no podíamos pronunciar
jamás el nombre del grupo.
Y llevábamos a cabo un estricto nepotismo vaginal.**

Eso significaba que una vez que estabas dentro, ahí te quedabas: engullida por un apoyo maternal, aceptada y respetada, animada por chasquidos de dedos, palmadas afectuosas de empatía y por vídeos de gatos, sin ninguna malicia. No era una meritocracia, pues no importaba lo que cada una consiguiera. Teníamos una estricta política al respecto: no se admitían «tías chungas».

El hecho de que el Club se mantuviera en secreto justificó la necesidad de su existencia. Éramos unas mujeres ambiciosas e inteligentes que luchábamos por «abrirnos paso» en Nueva York, una ciudad que se come vivos a los pusilánimes. Habíamos crecido en la época del Girl Power, en la que no solo se animaba, sino que se esperaba que las chicas pudiesen ser y hacer lo que les diese la gana. Y nosotras nos lo creímos. La lucha de género, pensábamos todas, era una vieja reivindicación de nuestras madres..., una batalla que se había ganado hacía mucho tiempo.

Y, sin embargo, todas nosotras, en cada papel que desempeñábamos, en cualquier campo, nos topábamos continuamente con minas terrestres de género, a menudo con algunas que ignorábamos que existían. Era como tratar de evitar el hedor que, en una calurosa noche de verano, te acecha en cualquier calle de Nueva York: tú vas a lo tuyo y, de repente, ZASCA.

En nuestras reuniones contábamos con una especie de moderadora: nuestra anfitriona. A veces nos pasaba notitas con preguntas escritas a mano.

(«¿Dónde te gustaría estar dentro de cinco años?», «¿De qué manera piensas ayudar a otra mujer este año?», «¿Quién es tu cantante favorita? Espera... Es Beyoncé, ¡claro!»). En caso necesario, manteníamos encuentros más íntimos e informales: si una de nosotras tenía un problemón, una entrevista de trabajo a la vista, un artículo que entregar, una crisis nerviosa a la vuelta de la esquina o veía que se iba al paro... Casi todas habíamos tenido que afrontar alguna de estas situaciones en un momento u otro. Aun así, por lo general nos limitábamos a pasar el rato, picar algo, decir gilipolleces y hablar del trabajo.

Juré no desvelar los detalles, pero el grupo consistía más o menos en: Danielle,* una escritora divertida y brillante que se dejaba la piel como ayudante en un programa de televisión muy conocido (el cual, en aquel momento, no contaba con ni una sola guionista). Además, había escrito dos libros, había creado vídeos para algunas webs y había aprendido Photoshop ella sola, sobre todo para hacer unas preciosas invitaciones al Club de la Lucha. Pero en el trabajo la habían ignorado muchas veces a la hora de ascenderla. Cansada, descontenta y muerta de aburrimiento, empezó a escudriñar infinidad de webs en busca de noticias inspiradoras sobre mujeres, las cuales nos mandaba para ayudarnos a sobrellevar el día. También le dio por hacer sudaderas feministas con gatos. Nos preguntábamos dónde intentaría venderlas...

* Este no es su nombre verdadero, como tampoco lo son los del resto de los miembros del Club. ¡Debo proteger el anonimato del grupo!

Otra de las integrantes era Nola, una directora de proyectos en una agencia de publicidad. Hacía poco nos había mandado un correo electrónico que destilaba rabia. En él nos explicaba que, mientras lideraba una reunión con un cliente importantísimo, uno de sus colegas le preguntó si no le importaba ir a por café para todo el grupo. Completamente alucinada, se descubrió yendo a su pesar hasta la cocina para prepararlo. Volvió a la reunión con una mancha marrón en la pechera de la camisa y echando fuego por los ojos.

Había otra mujer, una desarrolladora de webs tan sincera como directa llamada Rachel, cuyo jefe le había dicho que era «demasiado agresiva» con los empleados. Todas sabíamos lo que eso significaba: que hablaba demasiado alto, que era un poco mandona y no lo suficientemente «femenina» según su particular estereotipo. Pero Rachel hacía bien su trabajo; eso su jefe nunca lo puso en duda. Entonces ¿por qué era tan importante el volumen de su voz?

También estaba Tania, una directora de documentales. Nos contó que se le había ocurrido una idea para un programa y se la habían cedido a un compañero suyo para que lo produjera. Estaba furibunda. Pero no se quejó porque no quería que la consideraran demasiado «emotiva» (o una mala jugadora de equipo). Nos pidió, nos rogó, que si nos enterábamos de alguna oferta de empleo relacionada con su profesión se lo hiciéramos saber.

Por entonces yo trabajaba en Tumblr. Mi trabajo era parte de una iniciativa promocionada a bombo y platillo para contratar periodistas que crearan contenidos en una plataforma de blogs, pues hasta ese momento se la conocía sobre todo por los GIFS (y por el porno). De entrada todo parecían ventajas. Trabajar en una empresa de tecnología comportaba disfrutar de las comida gratis, tentempiés a voluntad, la posibilidad de llevarte el perro a la oficina... todos los días, el lujo de tomar café preparado en frío y de manera artesanal por un «maestro cafetero», el macizorro Grady, que te lo traía, descansos ilimitados, un barril de cerveza que te identificaba (también tus cervezas favoritas) mediante la huella dactilar, una mesa de ping-pong para que, al volver de tus vacaciones, tras tomarte tu cerveza personalizada y haber jugado con tu perro, puedas «relajarte, colega, ya sabes». Sin embargo, también había cosas de tíos que me desquiciaban: la referida mesa de ping-pong estaba a dos metros de mi escritorio (juro que las bolitas rebotaban en mi portátil a diario); las salidas de empresa consistían en jugar al baloncesto y en asistir a actividades de ambientación medieval, y la hora de relax en la oficina era una ronda de coleguitas, con todos los empleados tratando de meter una pelota en un vaso, cómo no, en la mesa de ping-pong de al lado de mi escritorio.

YO EN TUMBLR

TENTEMPIÉS GRATIS

NECESITO UN CAFÉ

ESQUIVAR PELOTAS DE PING-PONG

PERIODISMO

PORNO

¡AY!

GIFS

Pero el principal escollo era el trabajo en sí. Me habían contratado junto con otro redactor, a quien había conocido y me agradaba. Me dijeron que trabajaríamos juntos y que ambos reportaríamos directamente al CEO, lo que en cierto modo era verdad, solo que yo había aceptado el empleo antes de concretar el cargo que se me asignaría. (Nota para una misma: Jamás aceptes un trabajo sin definir antes formalmente tu cargo, aunque te digan que podrás «elegir» el que quieras.) De casualidad me enteré de que mi compañero ya se había asignado el cargo de redactor jefe. O sea: el cargo más alto posible al que alguien de mi profesión puede llegar en mi país, normalmente reservado para el dirigente supremo de una organización editorial. Pero según el director de Recursos Humanos no debía preocuparme, ya que todos formábamos parte de una plantilla sin *ninguuún* tipo de jerarquía... Así que, ¿qué cargo quería yo? (Elegí ser «editora ejecutiva».)

Lo cierto es que no todo era malo: dicho colega, el redactor jefe, era un tío estupendo (¡hasta feminista!). Estaba casado con una abogada influyente y era padre de dos niños divinos. ¡Un tipo progresista! ¡Te apoyaba! ¡Era alegre! Sin embargo, ahí estaban los hechos: me habían atacado con un jefe sorpresa, y era un tío.

Podría haberme quejado, de no ser porque despidieron al director de contratación —o «jefe de la gente», como se denominaba a sí mismo— días después de que yo llegara. (Me pregunto por qué una empresa de cien personas necesita un departamento de Recursos Humanos...) Con todo, mi jefe era un responsable con experiencia. Sabía imponer respeto en una sala llena de hombres. Hablaba con autoridad y seriedad, mientras que yo me ponía nerviosa. De todas formas, la gente lo miraba a él, y no a mí, en las reuniones —tenía aspecto de jefe—, tanto si exponíamos un proyecto que llevaba él como si no. Trataba de ayudarme, repitiendo mis ideas con la competencia oral de un hombre blanco de cuarenta y dos años, de casi un metro noventa, que intentaba ser mi defensor. Pero también le atribuían el mérito de mis ideas.

Aun así, estuve tan poco tiempo en Tumblr que nada de eso llegó a importarme de verdad: nos despidieron a todos de un día para otro justo un año después de que empezáramos, como paso previo a la adquisición de la empresa por parte de otra más grande (Yahoo!).

Pero debo reconocer que no era la primera vez que me encontraba en una situación como esa.

Había empezado mi carrera en uno de los clubes de «machos» más rancios de todos, la revista *Newsweek*, donde el sexismo había llegado a estar tan extendido que las empleadas, lideradas por Eleanor Holmes Norton, ahora congresista pero por entonces una joven abogada de derechos civiles, demandaron a la empresa por discriminación de género en la que fue la primera reclamación legal de este tipo. (Si esta historia te suena familiar es porque se convirtió en un libro, y después en una serie de televisión llamada *La rebelión de las chicas buenas*.) Corría el año 1970, y las mujeres que trabajaban en *Newsweek* estaban sobradas de títulos, capacidades e inteligencia: había ganadoras de becas Fulbright, las primeras de sus promociones, licenciadas de las Siete Escuelas Hermanas* de buenas familias. Tal como Norton describi-

---

* Las Siete Escuelas Hermanas son las primeras siete universidades que se fundaron en Estados Unidos exclusivamente para mujeres y tienen un elevado prestigio académico en el país. *(N. de la T.)*

ría más tarde: «Eran mujeres de las que uno pensaría que no tendrían nada que temer en su puesto de trabajo».

Y, aun así, se les dijo a las claras que «las mujeres no escriben». Sus jefes varones las llamaban «muñequitas». Sus tareas laborales incluían empujar carritos con el correo y llevar café, además de investigación y redacción de verdad; todas comportaban dar algo a un hombre. «Fue una época muy difícil», reconoció Susan Brownmiller, una académica feminista que, junto con la ya fallecida guionista y directora Nora Ephron, fue investigadora de *Newsweek* (léase «chica del correo») durante un corto período de tiempo en los años sesenta. Ambas se largaron de la empresa antes de la demanda, pero no he podido olvidar las palabras que me dijo una investigadora que se quedó: «Pasado un tiempo comenzabas a perder confianza en ti misma. Empezabas a pensar: "Los hombres son los que escriben"».

> El primer trabajo de Nora Ephron fue de «chica del correo» en *Newsweek* en 1962. En la entrevista que le hicieron, le preguntaron por qué quería el trabajo.
> —Quiero ser escritora —respondió.
> —Las mujeres no escriben en *Newsweek* —le dijeron.

Yo no conocía esta historia, en parte porque el legado no se había transmitido. Y, sin embargo, cuatro décadas más tarde, en la época en la que trabajaba en *Newsweek*, la experiencia era parecida: escribir lo hacían «los hombres». Yo escribía, por supuesto. Tenía un título que lo acreditaba, como muchas de mis compañeras. Pero nuestros trabajos no se publicaban aún con la misma frecuencia con la que lo hacían los de los empleados masculinos. No se nos había ascendido tan rápido como a aquellos de nuestros colegas varones con los que habíamos empezado. Y a nadie le pasaba desapercibido que los jefes del problemático —para nosotras— semanario eran casi en su totalidad varones blancos. Más tarde, cerraríamos el año con un nuevo dato: del total de las cuarenta y nueve historias de portada de la revista, los hombres habían escrito cuarenta y tres.

Aun así, *Newsweek* era un chollo para una joven periodista como yo. Era mi primer trabajo de verdad después de la universidad, y me sentí suertuda* por haber aterrizado allí. Pero también fue la primera vez que empecé a dudar de mis capacidades. No era muy buena expresándome sin rodeos, y me atascaba cuando me pedían que expusiese mis ideas en una sala... normalmente llena de hombres. No sabía cómo reaccionar cuando colgaban un aro de baloncesto en la sala de redacción, o cuando el nuevo jefe empezó a rondar mi escritorio a todas horas. No tuve ningún mentor con el que hablar. De hecho, había muy pocas jefas.

UN PERIODISTA CUALQUIERA

hombre

blanco

zapatos relucientes

No era exactamente un sexismo «flagrante»... Nunca existió una política formal que prohibiese a las mujeres escribir. Al contrario: la puerta para las chicas estaba abierta y por ella entraban más féminas que nunca. Pero esas actitudes tan arraigadas no desaparecen en una sola generación.

La columnista del *New York Times* Gail Collins me dijo en una ocasión que, si bien el sexismo de su época era tremendamente demoledor, como contrapartida lo veías venir. Cuando un tío te pellizcaba el culo o te decía que «las mujeres no escriben en *Newsweek*» no era para nada justo, pero al menos

---

* Se dice que la suerte es lo que acredita el éxito de las mujeres. En el caso de los hombres, según se afirma, es la aptitud.

sabías que no lo era. Era una discriminación clarísima —sexismo con una definición legal y un sello característico—, no solo una «sensación». («¿Eso acaba de pasar?», «¿Estoy loca?», «¿He sido la única que lo ha visto?»)

Ese sexismo de la década de 1950 no se ha erradicado del todo —ejem, Donald Trump— y, aun así, identificar el sexismo cotidiano hoy en día puede resultar mucho más difícil. Al igual que las microagresiones que las personas de color tienen que soportar a diario —el racismo enmascarado en insultos y rechazos sutiles—, el sexismo actual está oculto, es informal, políticamente correcto y hasta amable. Es latente, silencioso, pero se evidencia en el modo en que dudamos de las capacidades de una mujer o cuando, simplemente, decimos que no nos «gustan» las mujeres que ansían el poder. Es una especie de comportamiento imposible de señalar con el dedo, no es patente ni cuantificable, preverlo resulta complicado, y quizá no es necesariamente intencionado o consciente. Pueden mostrarlo jefes con buenas intenciones, compañeros progresistas e incluso feministas. Pero nada de eso hace que sea menos dañino.

En el ámbito cotidiano es que un hombre se vuelva de manera instintiva hacia una mujer en una reunión para indicarle que tome notas, o que te consideren la secretaria a pesar de que eres la que está al mando. Es que te interrumpan en una reunión de grupo, una y otra vez,* o ver que atribuyen una idea tuya a otra persona (la mayoría de las veces a un tío). Es seguir al dedillo todas las normas, inclinándote todo el rato, y, aun así, procurar que no te consideren «demasiado agresiva» cuando muestras el comportamiento que se le presupone a cualquiera que desempeñe tu cargo. Es saber que si un compañero te llama «ambiciosa» no lo dice como un cumplido. Es tener que ser maja

---

* Sí, a las mujeres se las interrumpe en las reuniones (lo hacen por igual ellos y ellas) el doble que a los hombres.

XXVIII

por fuerza (¡porque las mujeres son majas!) pero sin pasarte (o no te tomarán en serio), y también maternal (¡una cuidadora nata!) pero sin comportarte como una madre (o te considerarán «poco comprometida» con el trabajo). Es tener que demostrar confianza en ti misma para hacerte respetar, pero solo lo justo (porque las mujeres arrogantes no gustan). Es tener que trabajar el doble de duro para que se sepa que eres igual de buena, o el triple, o el cuádruple o cinco veces más si resulta que eres mujer y, además, negra.

sexismo sutil:
Es el tipo de sexismo que hace que te preguntes: «¿Me estaré volviendo loca?». (No, no lo estás.)

Es darse cuenta de que es más probable que las mujeres se sientan impostoras que no los hombres, o que si ellos ascienden puestos, nos gustan más, pero que ocurre todo lo contrario si ascendemos nosotras (por eso las mujeres tienen que asegurarse de sonreír con frecuencia, mostrar reconocimiento y sumo interés, hacer hincapié en las metas comunes, ser agradecidas... y todas esas cosas que ya dijimos sobre Hillary Clinton).

INTERRUPCIONES
EN LAS REUNIONES

HOMBRES · MUJERES · SIRENA DE LA POLICÍA

Algunos llaman a este tipo de sexismo «muerte por mil heridas». De una en una, las afrentas no matan, pero en conjunto, y con el tiempo, sí.

Si volvemos la vista atrás, es evidente que en la actualidad existen muchos aspectos positivos en el ámbito de la igualdad de género (sí, incluso teniendo en cuenta que el hombre que está sentado en el Despacho Oval alardea de cometer agresiones sexuales). Las mujeres se gradúan en la universidad en mayor número, y cada vez obtienen más licenciaturas y doctorados, en especial las de color, pues según el Centro Nacional para Estadísticas de la Educación* las mujeres negras constituyen el grupo con el nivel educativo más alto de Estados Unidos.** Las mujeres también están mandando en las redes sociales, comprometidas en un activismo que no se apreciaba desde el movimiento de liberación de la década de 1970 y, quizá por primera vez, se ven a sí mismas representadas en la televisión y la cultura popular.

Y aun así...

En el primer año después de concluir la formación universitaria, incluso después de haber tenido en cuenta todas las cosas que pueden afectar al salario —la elección del trabajo, el tipo de empleo, las horas trabajadas, los días de descanso, etcétera—, las mujeres todavía (¡todavía!) ganan de media el 93 por ciento del sueldo de sus colegas masculinos.[1]*** Las mujeres de cualquier raza o etnia tendrán el 25 por ciento de las posibilidades que cualquier hombre a la hora de negociar un aumento de sueldo...[2] Y cuando lo intenten se las tildará de agresivas y prepotentes. Sin duda algunos de estos problemas afectan a los más privilegiados, pero se agudizan más para

---

* «Fast Facts», *National Center for Education Statistics*, 2016. https://nces.ed.gov/fastfacts/display.asp?id=72

** Véase en «Notas» información adicional a esta edición.

*** Véase en «Notas» información adicional a esta edición.

los cuarenta y dos millones de mujeres de Estados Unidos que viven en el umbral de la pobreza.* Es de suponer, por tanto, que cualquier asunto relacionado con el sexismo será más pronunciado en el caso de quienes forman parte de un grupo minoritario.

Las estadísticas muestran con toda claridad que cambiar el paradigma es beneficioso para la sociedad. Los negocios que contratan mujeres tienen más éxito: son más colaborativos,[3] más rentables[4] y más abiertos.[5]** De hecho, las mujeres lideran de manera más efectiva,[6] la probabilidad de que corran riesgos innecesarios es menor,[7] son buenísimas a la hora de realizar varias tareas a la vez[8] y tienen una inteligencia emocional más elevada,[9] tal como lo expresó *Harvard Business Review*: «Uno de los descubrimientos menos contradictorios de las ciencias sociales». La verdadera igualdad de género, y así lo evidencian los estudios sobre el tema, aumentaría el PIB de Estados Unidos un 26 por ciento.[10]

En un mundo más igualitario tendríamos unas políticas instauradas (¡permisos familiares retribuidos!, ¡salarios equiparados!) que garantizarían que nuestros puestos de trabajos son igualitarios, además de otros muchos derechos. Y, sin embargo, de repente parece que nos encontramos muchísimo más lejos de lograr ese objetivo de lo que hemos estado durante décadas.

Así las cosas, necesitamos nuestras propias armas: un arsenal entero. Debemos armarnos con datos para demostrar lo real que es todavía el problema y proveernos de tácticas para luchar contra él. Necesitamos un cambio político, una resistencia y protestar en todos los frentes. Pero también

---

* Véase en «Notas» información adicional a esta edición.
** Dato curioso: Cuando Larry Page y Sergey Brin, cofundadores de Google, decidieron presentar a Marissa Mayer, la primera ingeniera de la empresa, le dijeron: «Hemos leído un montón de libros y sabemos que cualquier organización funciona mejor cuando hay un equilibrio de género en ella».

necesitamos herramientas para lidiar con las estupideces, absurdas, cansinas y habituales, con las que nos enfrentamos a diario en nuestra vida laboral. La formación sobre diversidad no resuelve el problema de que se perciba como «mandonas» y antipáticas a las mujeres que se atreven a ambicionar el poder; el sistema legal de Estados Unidos no está preparado para lidiar con el hecho de que sus ciudadanos aún prefieran que sus jefes (y sus políticos) sean hombres. El acoso sexual todavía está extendido en nuestros lugares de trabajo actuales, y los departamentos de Recursos Humanos con frecuencia son incapaces de ponerle fin.

Pero lo primero es lo primero:

**Esta no es una tarea solitaria.
Necesitamos a otras mujeres —y a hombres— a nuestro lado.
Así que comencemos por unir fuerzas.**

La primera norma de mi Club de la Lucha en sus inicios era sencilla: no hablábamos del Club. El anonimato era esencial; no era un grupo para hacer contactos o para ampliar nuestro LinkedIn. Nos servía para desahogarnos, llorar y gritar, y reír..., todo ello sin el miedo a ser juzgadas.

Durante años, las que formábamos parte de él compartíamos las tácticas en silencio, protegiéndolas como si fueran piedras preciosas. Pero ha llegado el momento de hablar del Club... y no solo en la tranquilidad de una sala de estar.

Este libro es para las mujeres que, como nosotras, han constatado comportamientos sexistas y, no obstante, se han convencido a sí mismas de que no es un problema real (o si lo es, la culpa es de ellas). Es para esas mujeres, o esos hombres, que quieren hablar alto y claro cada vez que son testigos de una injusticia, pero temen sufrir represalias si lo hacen. Es para saber que nuestros desafíos son colectivos e intersectoriales, y para que tú —¡sí, tú!— te conviertas en alguien demasiado orgullosa, demasiado informada, demasiado rápida, demasiado preparada y demasiado fuerte para que cualquier persona o cualquier sistema te ponga límite alguno. Dentro de cada mujer hay una guerrera. En serio.

Mientras escribía este libro mantuve en mi escritorio una antología clásica de la década de 1970, un manual ya amarillento con un puño alzado en rojo en la cubierta que prendió la mecha del movimiento de las mujeres. Se llama *Sisterhood Is Powerful*,* y comienza con una frase muy simple: «Este libro es una acción».

También este libro es una acción. Una acción, una actitud, un estado de ánimo y una llamada a las armas colectiva.

Bienvenida al Club de la Lucha Feminista.
Esto no es un mero ejercicio.

---

* «La hermandad es poderosa.» El libro, de Robin Morgan, no está traducido al español. De esta autora sí hay, sin embargo, una antología posterior *(Sisterhood Is Global: The International Women's Movement Anthology)*, traducida como *Mujeres del mundo: Atlas de la situación femenina*, Barcelona, Editorial Hacer, 1993. *(N. de la T.)*

Disculpa, ¿la clase de baile de Beyoncé se imparte aquí?

El CLF:

WOMANIFESTO

¿QUÉ ES EL CLF?

El CLF es una alianza entre mujeres con edades comprendidas entre cero y el infinito cuya meta es dominar el mundo. Representa a todas las mujeres que son la caña, a las que le gustaría serlo y a los hombres que las apoyan. Son mujeres que están hasta las narices de la situación sexista actual y también las que aún no se han dado cuenta de lo cabreadas que están. Bienvenidas al club. Seréis miembros de por vida.

¿QUÉ ESPERA CONSEGUIR EL CLF?

Más mujeres como jefes de Estado; más mujeres —y no solo blancas— científicas, ingenieras, presentadoras de programas televisivos de humor nocturnos, creadoras de series de televisión. Queremos que los nuevos billetes de veinte dólares con la cara de Tubman estén por todas partes, pero también queremos la cara de una mujer en los billetes de cien dólares... y en los de cincuenta, de diez y de cinco. Queremos erradicar el lenguaje sexista y que dejen de decirnos que sonriamos. Luchamos por salarios iguales, permisos familiares retribuidos con subvenciones del gobierno, y por el amor de Dios, una mujer que llegue a la maldita presidencia en algún momento de nuestra vida. Nuestro planteamiento abarca tres frentes: la lucha por nosotras mismas, la lucha por nuestras hermanas y la lucha contra el sistema.

¿CÓMO PUEDO IDENTIFICAR A UNA INTEGRANTE DEL CLF?

Je, je, je… ¡Buena suerte! Nos hemos especializado en el arte de pasar desapercibidas. Las integrantes del CLF pueden parecer mujeres «normales», y podemos estar en cualquier parte: tuiteando sobre *Veep*; llevando gajos de naranja a los partidos de fútbol de tu hijo, deslizando el dedo a la izquierda en Tinder; dirigiendo tu empresa o corriendo junto a ti en el gimnasio. A pesar de este camuflaje tan currado, estate atenta: las integrantes del CLF estamos rigurosamente entrenadas en el arte de la guerra estadística, en negociaciones y en repeler las microagresiones, así como en el combate físico más agotador. Somos expertas en códigos informáticos, sabemos desarmar una granada y conocemos las letras de las canciones de Missy Elliot.

¿CÓMO CONVIERTO MI ESPACIO DE TRABAJO EN UN SITIO MÁS AGRADABLE PARA LAS INTEGRANTES DEL CLF?

Puedes empezar por conseguir una sala de lactancia que no parezca el armario escobero. Otros incentivos adicionales: una temperatura en la oficina que esté por encima de los 13 ºC (¡no puedo creerme que sea yo la única que se congela!); ejemplares del libro *Armas de mujer* de Lois P. Frankel colocados estratégicamente de manera casual en las mesas de los jefes varones. Convocar noches de karaoke en vez del *beer-pong* estaría también muy bien (tenemos que practicar los himnos de batalla en algún sitio). Ah, y córtate la

próxima vez que sientas la necesidad de preguntar a tu compañera embarazada de ocho meses si está «deseando la baja por maternidad».

¿LOS HOMBRES PODEMOS SER MIEMBROS DEL CLF?

¡Sí! Y, de hecho, os animamos a serlo. La manera más fácil de alistarse en el cuerpo auxiliar de hombres del Club es ir inmediatamente a la página 235 para un CIP (Comunicado de Interés Peneano) muy especial. Luego imprímelo o fotocópialo, métetelo en tus pantalones de jefazo y empieza a trabajar en la cafetería de tu barrio hasta que alguien te reclute. Tranquilo, que te reconoceremos en cuanto te veamos (y también nos tomaremos un cappuccino, gracias). Otros lugares de reclutamiento incluyen la interminable cola que se forma delante de los aseos de las mujeres, la sección de «Feminismo» en la librería *indie* de tu barrio, los garitos de lesbianas, los recitales de poesía y las manifestaciones en Washington.

Alguien se pondrá en contacto contigo.*

---

* Me quito mi sombrero tipo Brontë ante la humorista Shannon Reed, cuya «Agenda de la solterona» publicada en los «Daily Shouts» de *The New Yorker* inspiró este manifiesto.

Primera parte

IDENTIFICA AL ENEMIGO

COMPORTAMIENTOS con los que
HAY QUE TENER
CUIDADO

Volvamos al principio.

El Club de la Lucha Feminista se fundó en 2009, pero no reclamamos en absoluto ser el primer grupo de mujeres que se reúnen apiñadas en un apartamento para quejarse de sus trabajos. En la época de mi madre las reuniones semanales de mujeres se llamaban «grupos de concienciación», solían celebrarse cuando el marido de alguna de ellas no estaba en casa y en las sesiones se preguntaban: «¿Cómo os sentís haciendo las tareas del hogar? ¿Qué queréis hacer en la vida? ¿Habéis fingido un orgasmo alguna vez?».

Esos grupos se convertirían en el eje vertebrador de la segunda ola del movimiento feminista, publicando periódicos clandestinos, ejerciendo presión política y organizando muchas protestas. Hubo una sentada el *Ladies' Home Journal* para pedir una editora; una quedada en Wall Street para mirar con deseo a los hombres y silbarles; y una famosa protesta durante el concurso de Miss América de 1968, en el que las manifestantes tiraron los sujetadores, las fajas y los tacones a un «cubo de la basura por la libertad».* Cada grupo tenía tácticas distintas, y, si bien discrepaban en muchos temas, compartían la creencia de que, tal como lo expresó la líder Kathie Sarachild, las mujeres eran «las personas más interesantes del entorno». También había sido integrante de un grupo llamado New York Radical Women (también acuñó la frase: «La hermandad es poderosa»).

Mi propio Club de la Lucha Feminista se forjó una tarde en la planta de arriba de un McDonald's de Manhattan, rodeadas de batidos y patatas fritas.

---

* No, no llegaron a quemar los sujetadores.

Entonces eran solo tres, y todas trabajaban por un sueldo de pena en televisión, no mucho después de que Barack Obama llegara a la presidencia... y de que en el Congreso no hubiese ni una sola representante femenina más que en la legislatura anterior (por primera vez desde 1978). Aquel también fue el año en el que David Letterman admitió que se acostaba con su ayudante; el año en el que despidieron a un analista de ESPN por mantener relaciones con una trabajadora más joven que él, y el año en el que Chris Brown fue condenado por agredir a su novia de entonces, Rihanna.

Esos escándalos eran el telón de fondo, pero el catalizador era personal. Una de las mujeres, una ayudante de investigación, había estado haciendo las tareas de un trabajo dos peldaños por encima de su rango salarial durante más de un año pero sin compensación económica o de cargo (cuando pidió que la ascendiesen le dijeron que «no era el momento adecuado»). Otra, después de ejercer de ayudante durante cuatro años, sí había sido «ascendida» pero sin un aumento o un jefe directo. En ese momento se sentaba en un cuartucho sin ventanas al que llamaba el «cuarpacho» (entre cuartucho y despacho), al lado de la sala de correo, en la que el jefazo supremo guardaba la ropa de la tintorería. Puso un mural adhesivo en la pared —la típica foto de una playa del Caribe— para paliar la sensación de claustrofobia.

«Nos sentíamos atrapadas, y sin ningún medio para salir —me explicó más adelante—. No teníamos contactos ni mentores. Y creo que nos dimos cuenta bastante pronto, al menos en mi oficina, de que la opinión de un hombre simplemente tenía más peso.»

La primera reunión formal tuvo lugar un viernes a última hora en el piso de los padres de la ocupante del cuarpacho, a los que había encerrado prácticamente en su habitación (íbamos de puntillas al baño para no hacer ruido). Aquella noche asistimos una docena de mujeres y sometimos a votación el nombre del grupo (entre los que se rechazaron estaban: V.A.G.I.N.A., por las siglas de Very Angry Girls in New York Media Associations,* descartado por su estrechez —tanto la de la vagina como la de los medios— y Cat Pack, que se vetó por la imagen que podíamos dar de viejas chaladas con gatos). Teníamos que llevar algo para leer en voz alta, o bien escrito por una mujer, o sobre una mujer, o que fuera inspirador para las mujeres. Habría cena, pero no comeríamos precisamente «como nenitas». Se nos dijo que fuéramos con hambre.

La mayoría de las congregadas esa noche no nos conocíamos: éramos una mezcolanza de amigas de amigas, conocidas y compañeras lejanas. (A mí me incluyeron gracias a un mentor que era amigo de la madre de nuestra anfitriona.) Pero todas teníamos más o menos la misma edad, trabajábamos en campos que podían calificarse de creativos, y nos encontrábamos, más o menos, en el mismo punto de nuestras carreras profesionales. Nos unía además cierta neurosis neoyorquina. Todas y cada una de nosotras éramos unas privilegiadas: éramos licenciadas universitarias con apartamentos de-

> «No vamos a comer "como nenitas" —ponía en la invitación—, así que, por favor, venid con hambre.»

---

* «Tías Muy Cabreadas en Asociaciones de Medios de Nueva York.» *(N. de la T.)*

centes, aunque no fueran lo suficientemente grandes para albergar al grupo. Desempeñábamos ya nuestro segundo o tercer trabajo, pero nos reuníamos para conseguir lo que realmente queríamos hacer.

Sin embargo, flotaba en el ambiente la sensación de que, de alguna manera, antes de ese momento —cuando nos sentamos en un semicírculo, con la boca llena de queso—, estábamos solas. La mayoría de las presentes nunca había hablado abiertamente sobre esos temas. Muchas nos habíamos planteado si nosotras formábamos parte del problema. No éramos totalmente ingenuas: sabíamos que el sexismo existía. Pero en ese momento tenía una apariencia distinta: era más sutil, más amable y más traicionero.

Una mujer quería saber cómo hacer que el tío que la interrumpía siempre en las reuniones se callara, sin que ella pareciese estar a la defensiva o supersensible. Otra preguntó qué podía hacer cuando sus ideas las presentaba un colega sin otorgarle a ella el mérito. Ninguna de esas situaciones eran injusticias clamorosas. Eran nimiedades, a menudo perpetradas por tíos que nos caían bien. Pero eso era parte del problema. Era demasiado fácil obviarlas. ¿Cómo podíamos trabajar juntas para visibilizarlas?

A pesar de que ninguna de las asistentes a esa primera reunión nocturna lo expresó en voz alta, creo que todas nos fuimos a casa con una sensación de desahogo. «Gracias a Dios —pensamos todas—, no solo me pasa a mí.» Habíamos hecho aquello de lo que la generación de feministas de mi madre siempre hablaba: entender que nuestros problemas eran colectivos. Y en ese caso, entonces podíamos luchar contra ellos... Porque teníamos otras mujeres respaldándonos.

El enemigo:
EL INTERRUMPIDOR

Bastón de
la palabra

Chist

Un rápido recordatorio de la historia de la cultura popular reciente: ¿alguien se acuerda de ese momento, en 2009, cuando Kanye West saltó al escenario de los Video Music Awards, le arrebató el micrófono a Taylor Swift y largó un monólogo?

Sin duda la mayoría de las mujeres han experimentado algo parecido. Estamos hablando en una reunión y empezamos a oír la voz de un hombre retumbar por encima de la nuestra. Metemos baza con una idea, quizá dudando un poco... tirando a demasiado, y un tío nos interrumpe con autoridad. Puede que nosotras tengamos la inteligencia, pero él tiene unas poderosas cuerdas vocales y nos hace cerrar el pico, perder nuestra confianza y los méritos de nuestro trabajo. Diversos estudios demuestran que el Interrumpidor es un ser real: los hombres hablan más que las mujeres en las reuniones de trabajo,[1] interrumpen con más frecuencia[2] y nosotras tenemos el doble de posibilidades[3] frente a ellos de ser interrumpidas cuando hablamos, tanto por hombres como por mujeres, más aún si quien habla es negra.

TÁCTICAS DEFENSIVAS

El Gallina verbal

Vendría a ser el equivalente verbal de la típica carrera de dos coches que corren a toda velocidad el uno al encuentro del otro hasta que uno de los conductores (en tu caso, será él) se ve obligado a dar un volantazo brusco. Tu táctica es mantenerte firme y limitarte a seguir hablando. Tus pausas han de ser cortas. Mantén el ritmo. No importa si él levanta la mano, alza la voz o se remueve en la silla; no dejes de hablar. Hazte la sorda si es necesario; merece la pena si te ayuda a conservar tu discurso. La clave es evitar que él te robe la palabra y, al mismo tiempo, actuar como si fueses la persona más tranquila de toda la sala. Eso, y mirarlo de reojo de vez en cuando como diciéndole: «NI SE TE OCURRA INTERRUMPIRME».

La Interrumpidora

Claro que puedes decir a un Interrumpidor: «Bob, todavía no he terminado con este asunto. Dame un segundito más». Pero imagina por un momento lo maravilloso que sería si fuese otra persona la que le parase los pies por ti. Esto es lo que se conoce como la Interrumpidora, es decir, la mujer que interrumpe a un Interrumpidor en tu defensa. Si otra mujer está exponiendo una idea que te parece buena, ayúdala: «Espera, ¿te importaría dejarla acabar?». Si reparas en que una mujer quiere intervenir y no puede, mete baza y hazle una pregunta: «Nell, ¿qué opinas de esto?». El efecto que logres será mucho mayor de lo que te imaginas... y pasarás a trabajar en equipo.

👊 Inclínate (literalmente)

En un estudio, los investigadores que lo realizaban descubrieron que los hombres se inclinan hacia delante más que las mujeres durante las reuniones, reduciendo las posibilidades de que se los interrumpa.[4] (Lyndon B. Johnson era famoso por sus inclinaciones.) Otras maneras de imponer tu espacio físico cuando tienes algo importante que decir son: sentarte a la mesa en lugar de al fondo de la sala, señalar a alguien, levantarte, poner la mano en la mesa o mirar a los ojos a los presentes. Consejo extra: los hombres suelen llegar más pronto a las reuniones para hacerse con un buen sitio. No es mala idea que, en términos generales, te sitúes en el área física más próxima a donde se mantienen las conversaciones más importantes o se toman las decisiones.

👊 Zona libre de interrupciones

Si estás en una posición de poder, establece una norma que impida las interrupciones. La gente seguirá tu pauta y no interrumpirá a quienes hablan o exponen sus ideas, y aquellos que intenten apoderarse del micrófono caerán en desgracia. Si es preciso, usa el «bastón de la palabra», aquella herramienta de tus años de guardería. Puede que te rías, pero la jefa de un equipo de setecientas personas de Google afirma que emplea ese método.

CONTRATO DE INTERRUMPIDOR

Yo, _____ , haré

todo lo posible para <u>no</u> interrumpir a mis

compañeros.

En lugar de eso, yo:

_____

_____

_____

_____

_____

_____

chist...

_____   _____

Firma del interrumpidor   Fecha

El enemigo:
EL USURPADOR

Podría decirse que Estados Unidos se fundó gracias a una usurpación a gran escala por parte de los tíos: un hombre blanco (Colón) y su tripulación (más tipos blancos) se atribuyeron el logro de descubrir el Nuevo Mundo cuando, de hecho, no era nuevo (ni consecución suya). En el entorno de la oficina, el Usurpador se asigna el mérito por el trabajo de otra persona: presenta las ideas de su equipo como propias, acepta las felicitaciones por una idea ajena, a veces incluso no interviene en absoluto en los logros y, aun así, acaba llevándose las palmaditas en la espalda;[5] una realidad muy beneficiosa por haber nacido hombre, en la que se considera que el mérito es de ellos siempre.* En lo que concierne a las mujeres, la usurpación masculina se apoya en un hecho constatado: las mujeres tienen menos posibilidades de que se les atribuya debidamente la originalidad de sus ideas,[6] y siglos de historia avalan esta afirmación.

---

* Ajá, eso significa que, en una situación en la que tanto hombres como mujeres trabajan juntos en un proyecto, las investigaciones revelan que los compañeros (o los jefes) tienden a asumir que el mérito es de ellos. ¡Grrr!

USURPACIONES FAMOSAS

MONOPOLY

Lo inventó un desempleado llamado Charles Darrow en la década de 1930. ¡Es coña! De hecho, fue una antimonopolista, Elizabeth Magie, la que ideó el juego, aunque Darrow lo vendió como suyo.

CÓDIGO INFORMÁTICO

Ada Lovelace escribió la primera línea de un código en 1843, pero no fue hasta hace nada que recibió el reconocimiento, hasta entonces en manos de su colaborador masculino.

ADN

La labor de Rosalind Franklin fue crucial para entender el ADN... así como el trabajo que hizo «merecedores» del Premio Nobel a sus compañeros varones.

FISIÓN NUCLEAR

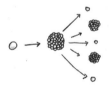

Cuando el colega de investigación de Lise Meitner publicó el artículo que ambos habían escrito juntos, él, muy oportunamente, omitió el nombre de ella... y, por tanto, a él se le concedió el Premio Nobel de química de la Real Academia de las Ciencias de Suecia.

TÁCTICAS DEFENSIVAS

✊ Discurso categórico

Es muy difícil que alguien se lleve el mérito de una idea tuya si la expones con una autoridad tal que resulte imposible de olvidar. Así que habla con aplomo, nada de «mmm», «perdón», o balbuceos con voz de bebé. Emplea palabras acreditadas y firmes, que demuestren que lo que estás diciendo lo has ideado tú. Nada de: «Me pregunto qué pasaría si intentáramos...», sino: «Sugiero que intentemos...».

✊ Afloja... y tira

Recupera el mérito de inmediato agradeciendo que tu idea les haya gustado. Es una maniobra un poco taimada pero muy efectiva para mantener tus propios logros, que, aun así, te deja en muy buen lugar. Prueba cualquier variante de: «Gracias por hacer referencia a mi idea»; «¡Sí! Eso es justo lo que estaba diciendo»; «Efectivamente. Me encanta que estés de acuerdo... Hablemos ahora de los siguientes pasos que debemos dar». Por supuesto, a veces un mordaz «Parece que hay eco» también puede funcionar, pero el «afloja y tira» elimina las asperezas.

Desarróllate

Búscate una compinche, o un compinche, para que te ayude a defender tus ideas. Es lo que hicieron las mujeres de la Casa Blanca durante la época de Obama, cuando se dieron cuenta de que no se las escuchaba en las reuniones. Acordaron guardarse las espaldas entre sí, y en las reuniones se aseguraban de repetir las ideas de las demás, otorgando siempre la autoría a quien correspondía. No solo era menos probable que las interrumpieran usando este método, sino que consiguieron que las ideas se atribuyeran a sus legítimas autoras. Tanto la defensora de la idea, que resultó ser una magnífica compañera, como la defendida, que consiguió que se le reconociese la autoría de la idea, salieron ganando.

E-videncia

Conserva en una carpeta todos los emails que evidencien de quién es la idea. Si desarrollas una idea increíble en público, a continuación, justo después de la reunión, manda un correo electrónico a tus superiores en el que resumas la idea... y pon en copia a quien consideres necesario para dejarles claro que ha quedado registrado.

El enemigo:
EL TAQUIGRAPULLO

SEXISTA

VAGO

GROSERO

INTELECTUALMENTE INSULTANTE

HE AÑADIDO ARSÉNICO

El Taquigrapullo te trata como si fueses la secretaria de la oficina, incluso cuando es evidente que no es así: te pregunta si no «te importaría tomar notas», te pone en copia en sus planes de viaje o te pide que le «lleves un café» a un cliente (¡tu cliente!). A veces asume que eres la secretaria «sin querer» (o la ayudante de cocina, como le pasó a Mellody Hobson, la mujer negra presidenta del consejo de administración de DreamWorks Animation).*

Mi amiga Alia, que trabaja en una entidad sin afán de lucro, asistió hace poco a un cóctel donde le iban a otorgar una beca muy prestigiosa. Les pidieron a ella y al otro galardonado (un hombre) que recibieran a los invitados a la puerta. Pero en vez de estrecharle la mano para felicitarla, lo que sí hicieron con el hombre que estaba a su lado, le arrojaron varios abrigos a la cara, dando por sentado que era la chica del guardarropa.

---

* En una charla TED que dio, Hobson contó que, al llegar a una comida en una importante empresa de medios de comunicación de Nueva York con el entonces candidato a senador Harold Ford, la recepcionista le preguntó delante de él: «¿Dónde está tu uniforme?».

TÁCTICAS DEFENSIVAS

👊 Una pésima barista

Adopta la táctica de la estratega digital Aminatou Sow: cuando sus compañeros varones le piden que prepare café, les dice muy educadamente que estaría «encantada»... si «supiera cómo». Al parecer, su madre le aconsejó que no aprendiese a hacer café y así no terminaría teniendo que prepararlo. (Variante con la fotocopiadora: «He roto la fotocopiadora tantas veces que se supone que no puedo ni tocarla».) Para tener más inspiración: véase «Cómo no tener que secar los platos», un poema de Shel Silvertein que todas las mujeres deberíamos plantearnos tatuarnos en un brazo («Si tienes que secar los platos / y uno en el suelo se estampa... / a lo mejor ya no te dejarán / secar los platos nunca más»).

👊 Recarga tu tarjeta de mujer

Katharine O'Brien, psicóloga organizacional, afirma que usa la siguiente estrategia para evitar que se le pida de manera desproporcionada que realice determinadas tareas: dice «no», y luego explica sin rodeos que no toma notas en las reuniones porque cree que pone a la mujer en una posición subordinada: la de tener que «apuntar» y no «hablar». «Llevo haciéndolo muchos años y es de lo más efectivo —sostiene—. La mayoría de la gente entiende mi razonamiento, y cualquier discusión que pueda generarse suele ser efímera.»

Pásale la bola a un tío

O lo que es lo mismo: dale un buen revés* a la petición sugiriendo que sea otro tío el que la haga: «En este momento estoy a tope con una presentación. Pero ¿sabes quién es buenísimo haciendo hojas de cálculo? Brad. Ese de ahí. Brad es el mejor haciendo hojas de cálculo». Otras posibles respuestas: «¿Quieres que te traiga un café solo por ser tú?» y «¿Acaso te has roto las dos manos?».

Pon al capullo en su sitio

Una vez oí la historia de una CEO a la que un colega le echó la bronca por haberse terminado la Coca-Cola light, en medio de una junta directiva que ella presidía. En lugar de llevarse un disgusto, se volvió hacia él y le dijo dulcemente: «Me aseguraré de apuntarlo en el orden del día la próxima vez». Él se quedó mudo.

No se permiten voluntarias

Según algunos estudios, la mayoría de las funciones de las secretarias se atribuyen a las mujeres,[7] pero también estas son más propensas a decir que sí a la hora de realizarlas... y se presentan voluntarias. Sabemos que decir que no es difícil. Pero hay una cosa que no lo es: no ofrecerse voluntaria.

---

* Un golpe de tenis creado por una mujer: Bertha Townsend, en 1886.

DESTROZAR el PATRIARCADO DE LA CAFEÍNA

1900

Un hombre de Oklahoma pide el divorcio porque el café de su mujer no huele bien

1935

«Aprende a hacer un buen café» aparece como consejo en el artículo «Cómo conservar el matrimonio» del New York Times

1973

Alice Johnson, secretaria en una base aeronaval, interpone una demanda después de que la despidiesen por «negarse a hacer café a los chicos.»

1927

MOLINILLO

Un hombre deja en herencia a su hija solo cincuenta dólares de una fortuna de diez mil porque ella «se negó una vez a prepararle un café»

HOY

PREPÁRATE TÚ EL PUÑETERO CAFÉ

✳ NOS QUITAMOS EL SOMBRERO ANTE «SWIMMING IN THE STENO POOL» DE LYNN PERIL, POR SUS DATOS TAN SORPRENDENTES

El enemigo:
EL EXPLICADOR

El Explicador (*Mansplainer*, en inglés) es más listo que tú; por tanto, deja que se doblegue ante ti lo más rápidamente posible. Por norma general, su manera de hablar es condescendiente o paternalista, con frecuencia poco precisa y con una falta de matices absoluta... pero te atrapa, sin remedio, como por arte de magia. Puede afirmarse que los hombres llevan explicando valerosamente cosas a las mujeres desde..., bueno, desde John Adams, quien al parecer explicaba las cosas a Abigail.[8] Pero hasta 2008 no hubo una manera sencilla de describir este concepto.

Gracias a internet, hoy podemos hacerlo: el *mansplaining* (*man*, «hombre», y *explain,* «explicar») está inspirado en la escritora Rebecca Solnit, que en un ensayo refirió que, durante una fiesta, un hombre insistió en explicarle que tenía, «de verdad, que echar un vistazo a este libro nuevo», un libro que, si la hubiese dejado hablar, habría sabido que, de hecho, había escrito ella (y que él, de hecho, no había leído). El ensayo de Solnit se convirtió en un libro, *Los hombres me explican cosas*, y así nació el *mansplaining*. Añádelo a tu lista de lectura del CLF.

TÁCTICAS DEFENSIVAS

¿PUEDO EXPLICARTE UNA COSA?

Con sinceridad, tío, probablemente no

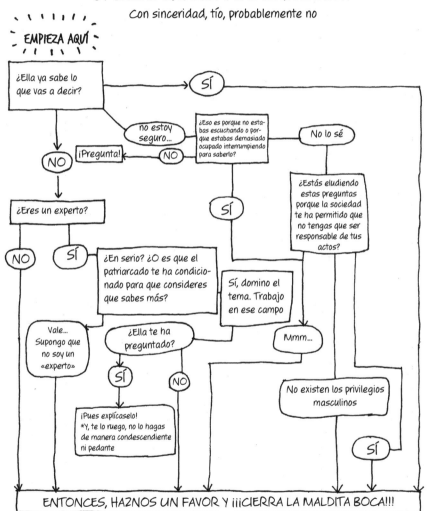

EMPIEZA AQUÍ

¿Ella ya sabe lo que vas a decir?

SÍ

no estoy seguro...

¡Pregunta!

NO

NO

¿Eso es porque no estabas escuchando o porque estabas demasiado ocupado interrumpiendo para saberlo?

No lo sé

¿Eres un experto?

¿Estás eludiendo estas preguntas porque la sociedad te ha permitido que no tengas que ser responsable de tus actos?

NO

SÍ

SÍ

¿En serio? ¿O es que el patriarcado te ha condicionado para que consideres que sabes más?

Sí, domino el tema. Trabajo en ese campo

Vale... Supongo que no soy un «experto»

¿Ella te ha preguntado?

Mmm...

SÍ

NO

No existen los privilegios masculinos

¡Pues explícaselo!
*Y, te lo ruego, no lo hagas de manera condescendiente ni pedante

SÍ

ENTONCES, HAZNOS UN FAVOR Y ¡¡¡CIERRA LA MALDITA BOCA!!!

El enemigo:
EL IMITADOR

He aquí el tío de tu clase de escritura creativa que repite la interpretación que tú has hecho de un poema con la intención de aclarar lo que has dicho, pero es a él a quien el profesor recordará por haberlo dicho; el coleguita que da un pequeño retoque a tu chiste y para todo el mundo quedará en el recuerdo como quien lo contó. Es el compañero de trabajo que repite punto por punto tu plan de acción y al que al final se le acaba atribuyendo la autoría. Es posible que el Imitador no sea tan malo como el Usurpador, ya que no te roba las ideas necesariamente, pero por el mero hecho de repetirlas se lleva, de todos modos, las palmaditas en la espalda.

TÁCTICAS DEFENSIVAS

👊 NómbraTE

Busca la forma de recordar, como quien no quiere la cosa, a los reunidos que la idea partió de ti. Di algo parecido a: «Me encanta que des tu opinión sobre mi [idea/sugerencia/propuesta]». La palabra clave es «mi». Sí, a las mujeres nos gusta trabajar en equipo, pero en ocasiones necesitamos apropiarnos de la palabra «mío». Si no te ves a ti misma como digna merecedora de poseer una idea, ¿por qué tendrían que hacerlo los demás?

👊 EnfréntaTE

No temas enfrentarte a tu Imitador: es posible que él crea que está haciéndote un favor. Si es tu jefe, prueba a pedirle consejo sobre cómo podrías transmitir mejor tus ideas de primeras, pues te has dado cuenta de que él tiende a reformularlas. Si es un compañero, dile que te preocupa que su intento por «ayudarte» sea contraproducente, ya que tú pierdes credibilidad. Al final, otorgarte el mérito que te mereces no solo te beneficia a ti, sino también a la persona que te lo concede.

👊 ImítaLO

Con cambiar el sujeto de las frases, el juego puede empezar.

TÚ: Dado el rendimiento del primer trimestre, creo que es importante que demos más recursos a marketing.

ÉL: ¿Sabes, Bob [el jefe]? Marketing lo hizo genial en el primer trimestre. Deberíamos invertir más dinero en ese departamento.

TÚ: Ajá. Como yo he dicho hace tres segundos, sería bueno que aumentáramos nuestro presupuesto de marketing.

ÉL: Bla, bla, bla, bla, bla... Recomiendo que les doblemos el presupuesto.

TÚ: Me alegro de que estés de acuerdo conmigo, Chad [tu compañero]. Y dado que todos los que estamos aquí pensamos lo mismo, lo llevaré a cabo e informaré a marketing de que vamos a aumentar su presupuesto.

Consigue una masa crítica

Una forma de asegurarse de que a las mujeres se las escucha «por primera vez» es aumentar su presencia numérica en la sala: así es más probable que se lancen a hablar... y cuando lo hacen ejercen mayor influencia.[9] Empieza poco a poco; es decir, ayudando a otras mujeres y respaldando sus ideas.

Haz un juramento para hablar en voz alta

CONCURSO DE HABLAR
EN VOZ ALTA

Yo, _____, me comprometo a hablar empleando un volumen acojonantemente alto en las reuniones o cuando esté exponiendo una idea, aunque haya personas a las que no les guste, ya que las investigaciones demuestran que, de entrada, como mujer, es menos probable que se me preste atención.

Para hacer que este documento se recuerde, yo, _____, hablaré despacio y con claridad. Me pondré de pie si procede y miraré a los ojos a la persona que más me interesa que preste atención a lo que estoy diciendo. Puede que estas estrategias no detengan a un tío cuyo propósito sea repetir lo que yo digo, pero ayudarán a que se me escuche por primera vez.

X firma aquí

23

El enemigo:
EL MENSTRUOFÓBICO

Recuerdo a los ingenieros intentando ponerse de acuerdo para ver cuántos tampones deberían cargar para un vuelo de una semana. Preguntaron: «¿Con cien está bien?». No. Cien no es la cantidad correcta.

SALLY RIDE, astronauta, primera mujer estadounidense en ir al espacio

El Menstruofóbico da por sentado que cada vez que sale una afirmación directa de la boca de una mujer es porque sin duda está en «ese momento del mes»; considera que, probablemente, el tono de tu voz no tiene nada que ver con la urgencia de una situación, sino que debe de habérsete olvidado tomarte la Saldeva esa mañana. Un ejemplo de Menstruofóbico es Donald Trump, cuando sugirió a la presentadora de Fox News Megyn Kelly que debía de estar «sangrando de donde fuese» porque se había atrevido a preguntarle sobre sus agresiones verbales a mujeres. Pero también hay casos que se remontan a un tiempo tan lejano como el de los primeros vuelos espaciales, cuando la menstruación era uno de los motivos oficiales que la NASA esgrimía —allá por los años sesenta— para que las mujeres no se convirtieran en astronautas.[10] En nuestros días, es probable que aparezca disfrazado del tío más majo del mundo, ese que después de una reunión en la que tú has expresado tu descontento con algo se te acerca y te pregunta: «¿Estás bien? Se te veía muy alterada».

TÁCTICAS DEFENSIVAS

Desdeña y humilla

Pon en su sitio al Menstruofóbico. Replícale: «No, PJ, no tengo la regla... Pero tu informe de ventas sí que parecer estar desangrando a esta empresa», «Disculpa, Sam, no sé si te he entendido... ¿Quieres decir que estoy en «ese momento del mes» en el que evalúo tu rendimiento??».

Keep calm and carry on*

¿Cuántas veces has visto a un tío dando un golpetazo al teclado, tirando el teléfono o gritando a un compañero, y aun así se ha ganado el respeto de los demás? Sin embargo, si una mujer hiciese lo mismo, ¿la tacharían de loca de remate? Es una injusticia, pero muy real: los hombres consiguen elevar su estatus profesional cuando se cabrean, ya que así se los considera «apasionados» por su trabajo, mientras que las mujeres pierden su estatus. Así que exprésate con prudencia. Tu enfado vale mucho, pero canalízalo hacia maniobras estratégicas. No les pongas en bandeja que te digan: «¿Ves?».

Enfádate y deja claras las cosas

De manera que si un hombre está cabreado está solo «cabreado», pero si una mujer está cabreada está «hormonando», ¿no? No es justo, pero hay una manera de cortar por lo sano este doble rasero, según la catedrática Joan C.

---

* Mítico eslogan del gobierno británico al inicio de la Segunda Guerra Mundial para animar a la población a que «mantuviese la calma y continuara con su día a día» (es su traducción al español) ante el temor de una posible invasión alemana. Ha pasado a ser, en el original en inglés y con múltiples variaciones, el lema de muchas campañas publicitarias, así como del *packaging* de todo tipo de productos. *(N. de la T.)*

Williams, autora de *What Works for Women at Work*, que aconseja a las mujeres que dejen muy claro por qué están enfadadas.[11] Williams aporta un guion de réplica: «Si parece que estoy enfadada es porque estoy enfadada, y si estoy enfadada es porque tú has puesto en peligro [aquí debe incluirse el objetivo de negocio común]». La idea es demostrar que no tienes una «rabieta femenina», sino que alguien la ha fastidiado y eso afecta a tu trabajo.

¿TIENE ESA MUJER LA REGLA?

¿ERES SU TAMPÓN?

↓

¿NO?

↓

PUES ENTONCES ¿A TI QUÉ TE IMPORTA?

¿ESTO QUIERE DECIR QUE TIENE LA REGLA?

DIAGRAMA DE FLUJO DEL FLUJO

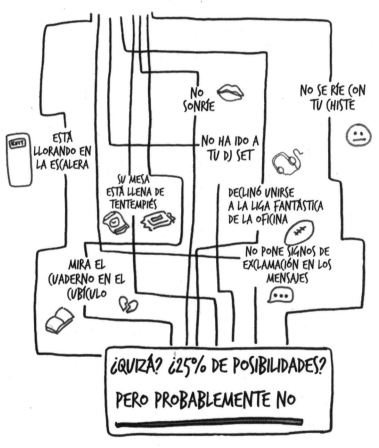

NO SONRÍE

NO SE RÍE CON TU CHISTE

ESTÁ LLORANDO EN LA ESCALERA

NO HA IDO A TU DJ SET

SU MESA ESTÁ LLENA DE TENTEMPIÉS

DECLINÓ UNIRSE A LA LIGA FANTÁSTICA DE LA OFICINA

MIRA EL CUADERNO EN EL CUBÍCULO

NO PONE SIGNOS DE EXCLAMACIÓN EN LOS MENSAJES

¿QUIZÁ? ¿25% DE POSIBILIDADES?

PERO PROBABLEMENTE NO

El enemigo:
EL LACTÓFOBO

El Lactófobo es el compañero que ve a esa madre que forma parte de tu equipo como una mujer preocupada y poco seria. No parece que sepa (o le importe) que, de acuerdo con los estudios, las madres son de hecho más ambiciosas que aquellas de sus colegas que no tienen hijos; aparentemente, el Lactófobo asume que esas mujeres no están comprometidas (y Dios perdone a la mujer que se comprometa tanto con su familia como con su trabajo). Puede que el Lactófobo (o la Lactófoba, que también las hay) ni siquiera se dé cuenta de su actitud, pero los datos demuestran que ese atajo mental es real. Las mujeres con hijos que aspiran a un trabajo tienen un 44 por ciento menos de posibilidades de conseguirlo que aquellas sin hijos con méritos parecidos,[12] mientras que solo tres palabritas adicionales en el currículum de una mujer —«miembro del AMPA»— hacen que sus posibilidades de ser contratada se reduzcan hasta el 79 por ciento, que solo tenga la mitad de opciones a la hora de lograr un ascenso, que se le ofrezca una media de once mil dólares menos de salario anual y que se le pida el nivel más alto de puntualidad. Para las mujeres negras y latinas la penalización es aún peor, y doblemente problemática, porque es más probable que las mujeres de color sean las responsables de llevar el pan a sus casas.[13]

TÁCTICAS DEFENSIVAS

Madre Coraje

¡Noticia: ser madre es un activo! Algunos estudios revelan que las mujeres con hijos son más productivas que las que no son madres,[14] y son aún más productivas cuantos más hijos tienen (¡el tiempo no les da para chorradas!). Las mujeres con hijos también están más interesadas en ocupar puestos ejecutivos que las que no los tienen.

Comprometidas con el trabajo

Frena a un Lactófobo dejándole claro que, a pesar de que estás cuidando de un ser pequeñito, sigues comprometida con el trabajo. Solicita una reunión para exponer cuáles son tus metas profesionales una vez que se te agote la baja por maternidad (suponiendo que la hayas tenido) y explica que continúas siendo la misma trabajadora ambiciosa (si es que lo eres). En un estudio que se llevó a cabo entre padres y madres casados que habían solicitado ocupar puestos laborales como ingenieros, quienes incluyeron una sola frase[15] en la que constataban sus intenciones de hacer sacrificios por el trabajo tuvieron más posibilidades de ser contratados. A veces se trata simplemente de decirlo en voz alta.

Lucha por un horario flexible

Hay estudios que demuestran que, con horarios más flexibles, semanas laborales reducidas y una mayor autonomía puede lograrse que los empleados sean más productivos[16] (y más felices) que con el tradicional horario de 9 a 5. Y sin duda es mejor para los padres y las madres que trabajan. Si ocupas un puesto de dirección, aboga por una política empresarial que valore que se acabe el trabajo por encima de que se hagan horas y horas en la oficina. Lucha por las bajas de maternidad y paternidad, y anima a que las aprovechen tanto las mujeres como los hombres.

PODRÉ EXTRAERME LA LECHE HOY?

Un diagrama de flujo de una madre trabajadora

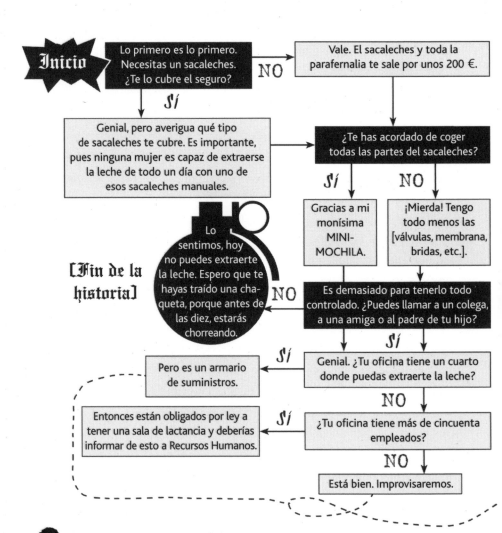

Inicio → Lo primero es lo primero. Necesitas un sacaleches. ¿Te lo cubre el seguro?

NO → Vale. El sacaleches y toda la parafernalia te sale por unos 200 €.

Sí ↓

Genial, pero averigua qué tipo de sacaleches te cubre. Es importante, pues ninguna mujer es capaz de extraerse la leche de todo un día con uno de esos sacaleches manuales.

¿Te has acordado de coger todas las partes del sacaleches?

Sí → Gracias a mi monísima MINI-MOCHILA.

NO → ¡Mierda! Tengo todo menos las [válvulas, membrana, bridas, etc.].

Es demasiado para tenerlo todo controlado. ¿Puedes llamar a un colega, a una amiga o al padre de tu hijo?

NO → Lo sentimos, hoy no puedes extraerte la leche. Espero que te hayas traído una chaqueta, porque antes de las diez, estarás chorreando.

[Fin de la historia]

Sí ↓

Genial. ¿Tu oficina tiene un cuarto donde puedas extraerte la leche?

Sí → Pero es un armario de suministros.

NO ↓

¿Tu oficina tiene más de cincuenta empleados?

Sí → Entonces están obligados por ley a tener una sala de lactancia y deberías informar de esto a Recursos Humanos.

NO ↓

Está bien. Improvisaremos.

Asegúrate de que dentro o cerca de la oficina hay:

- UNA BIBLIOTECA. Una empleada de un McDonald's de Nebraska se sacaba la leche en una después de que su jefe le dijera que no podía hacerlo en el aseo.
- UNA CABINA DE DUCHA. Aquí lo hace mi amiga Rosie, en un importante hospital de una gran ciudad.
- UNA SALA DE SERVIDORES. Mi amiga Isolde, empleada en una emisora de radio pública, se extrae la leche en uno de esos cuartos, rodeada de equipamiento electrónico e informático. Pone una guirnalda hawaiana en el pomo de la puerta para que la gente no entre.
- UN COCHE. Pero quizá los cambios de semáforo te estresan.

Sí

NO

Genial.

Entonces necesitas encontrar un armario/despacho vacío/aseo.

¿Tienes un enchufe?

Sí

¿Tienes una silla?

¿Y una nevera?

Sí

¡Genial! Ahora pon el biberón entre las comidas de tus compañeros.

¿En serio?

¡Enhorabuena! Lo has conseguido. Ahora repite este ejercicio por lo menos dos veces antes de que acabe el día.

Eh, ¿quieres terminar el juego o no?

El enemigo:
EL SOCAVADOR

El Socavador va minando lentamente tu paciencia y tu reputación, rebajándote por tu sexo, tu raza o tu edad. Se hace graciosamente el ofendido cuando le pides con educación que no te interrumpa («¡Ay, por Dios, qué sensibilidad!»), o pregunta a voz en grito a esa compañera que tiene un niño pequeño que «qué tal ha estado el recreo» cuando ella llega tarde a una reunión (y cuando en realidad estaba hablando por teléfono). Por algún motivo cree que es normal llamarte «mocosa», «nena» o «jovencita», siempre en una sala llena de colegas, o la caga con tu nombre, que tiene un aire «étnico», una y otra vez, hasta que finalmente empiezas a llamarlo «Brad» para pararle los pies (el nombre más típico de coleguita blanco que se me ocurre en este momento). Su comportamiento puede ser malicioso o inconsciente. Da igual. El resultado es el mismo: te mina la autoridad.

TÁCTICAS DEFENSIVAS

👊 Tapones para las orejas

Si es cosa de una o dos veces, ignóralo. Como si fuese tu hermano pequeño, que te pellizca hasta que reaccionas, algunos Socavadores solo pretenden de ti que saltes. No le des esa satisfacción.

👊 Métete en su cabeza

Es más fácil enfrentarse al Socavador, o planear tu reacción, si sabes cuál es el origen de ese comportamiento. ¿Está celoso porque tienes poder? ¿Lo hace sin darse cuenta y sus intenciones no son malas? Responde en función de cada caso.

👊 Enfréntate a él

Si es tu supervisor, o un compañero con el que trabajas codo con codo, lo más probable es que a él le interese que tú quedes bien. Explícaselo. «Chris, estoy intentando encajar en el equipo, pero me preocupa que se nos infravalore cuando me llamas "jovencita".» O prueba la táctica directa: «Geoff, minusvaloras lo que estoy intentando decir cuando me llamas "cariño". Te ruego que dejes de hacerlo».

👊 Socávalo

Si se trata tan solo de un compañero odioso y molesto —y socavarlo no te perjudica—, entonces pásate la educación por el forro. «Mi "cabecita bonita" fue capaz de triplicar tus ventas el mes pasado. Pero gracias por preguntar.» «Creo que por "jovencita" quieres decir "mujer al mando". Así es como nos referimos a las mujeres hoy en día.»

El enemigo:
EL JEFE COLEGUITA DE FRATERNIDAD

En Kleiner Perkins, la compañía de inversiones de Silicon Valley en la que una vez trabajó (y a la que denunció) Ellen Pao, el Jefe Coleguita de Fraternidad se ocultaba tras la apariencia de un socio que organizó una salida de esquí para toda la empresa de la cual estaban excluidas las mujeres y, posteriormente, una cena solo para hombres con el exvicepresidente Al Gore porque, según dijo, las mujeres les habrían «cortado el rollo». Si bien es verdad que no todos los Jefes Coleguitas de Fraternidad se muestran de manera tan evidente, hay muchos que ni lo piensan: organizan cenas para media docena de empleados que asisten a una conferencia... y olvidan invitar a la única mujer presente; se van al bar con sus otros coleguitas después del trabajo... y no se molestan en decírselo siquiera a la única mujer del equipo. El objetivo de los «eventos sociales» es estrechar lazos, reforzar el espíritu de equipo, romper el hielo..., pero el Jefe Coleguita de Fraternidad acaba haciendo lo contrario: consigue que la gente se sienta excluida (y priva a todos de compartir un tiempo muy valioso).

CALENDARIO DE ACTIVIDADES DE LA EMPRESA

LUNES	MARTES	MIÉRCOLES	JUEVES
10.00 REUNIÓN	10.00 REUNIÓN	10.00 DESAYUNO	10.00 REUNIÓN
13.00 ALMUERZO	14.00	11.00 REUNIÓN	13.00
16.00 ~~BEER PONG~~ SEMINARIO SOBRE LA REGLA	~~SQUASH~~ PROYECCIÓN DE "EL DIARIO DE NOA"	19.00 CLUB ~~STRIPTEASE~~ CLASE DE COCINA VEGANA	*SIESTECITA* ♡

TÁCTICAS DEFENSIVAS

👊 Planificadora de eventos

Echa un vistazo al próximo calendario de actividades (si lo hay). ¿Incluye *beer-pong*?* ¿Una excursión a un campo de tiro? ¿La mayor parte de los empleados quiere participar en esas actividades? ¿No? Intenta el enfoque directo: «¿Qué os parece si realizamos nuestra próxima actividad fuera de la oficina en ____? Creo que eso animaría a más mujeres a apuntarse a ella». O el indirecto: «¡Oooh, mirad este maravilloso ____! ¡Deberíamos tenerlo en cuenta para nuestra próxima actividad!». Ah, un pequeño y simple consejo: si trabajas en un ámbito laboral en el que existe una evidente desigualdad de géneros, en una empresa que ha sido demandada por sexismo, puede que la mejor idea no sea organizar una fiesta temática de fraternidades universitarias. (Sí, me refiero a ti, Twitter).

👊 Invitación abierta

Invítate tú misma... y plantéate obligarte a ir. Sara, una abogada de treinta y tres años de Filadelfia, se dio cuenta de que todos los socios varones de su bufete se hablaban entre ellos como colegas siempre que se sacaba el tema de la liga fantástica de fútbol americano. A ella nadie la había invitado a la liga, así que se invitó a sí misma... y empezó a seguir como el que más a sus equipos. «Todos me miraban como si estuviese loca, pero no podían decirme que no», me explicó. Mereció la pena: pasó un valioso tiempo cara a cara con sus jefes... y encima ganó la porra.

---

* El *beer-pong* es un juego típico de las hermandades y las fraternidades universitarias estadounidenses que consiste en intentar introducir la pelota de ping-pong, lanzándola con la pala desde un lado de la mesa, en un vaso con cerveza situado en el otro. *(N. de la T.)*

La asistencia femenina es obligatoria

Trabajar duro está fenomenal, pero no subestimes el valor de las relaciones. Un ejemplo: Adina, una joven que cursaba su tercer año de carrera, estaba haciendo unas prácticas de verano en una empresa de inversiones. Se quedaba hasta la noche la mayoría de los días mientras que su compañero de cubículo se iba de copas con los socios. Ella permanecía hasta las tantas en una oficina vacía, cuando él estaba relacionándose con la gente que estaba al mando. Es posible que no te apetezca ir a una *happy hour* con una pandilla de tíos. A lo mejor ni siquiera te gusta el alcohol. Bueno, pues te pides un agua con gas y una rodaja de lima y te llevas a una amiga contigo. Cuantas más mujeres vayan a este tipo de salidas, cada vez serán menos de machitos.

La pandilla gana

Monta tu propia actividad fuera de la oficina. Sí: cuando los tíos estén jugando un partido de squash a la hora de comer, tú ya estarás pasándotelo bomba con tus compañeras en tu [rellena este espacio] del barrio. Muy pronto ellos empezarán a suplicarte que los dejes unirse a la panda. Si no lo hacen, ¡invítalos! La única cosa que a los hombres (bueno, a algunos hombres) les gusta más que salir con otros tíos es salir con mujeres.

El enemigo:
EL ACOSADOR SEXUAL

A menudo se plantaba junto mi mesa... Me refiero a mi jefe, que aparecía esgrimiendo un motivo cualquiera para hablar conmigo, sobre política, el tiempo o deportes, solo que su objetivo principal era mirarme el escote y luego contárselo a sus coleguitas. ¿Cruzó una línea? Físicamente no. Pero me hizo sentir incómoda. Aunque yo no le seguí el juego —me ponía a hablar con él con normalidad cuando lo veía junto a mi escritorio—, me preocupaba que eso pudiese afectar a mi carrera profesional.

Tuve suerte: despidieron a ese jefe. Pero muchas otras mujeres no son tan afortunadas, ni de lejos. Según una encuesta realizada en 2015, una de cada tres mujeres reconocía que la habían acosado sexualmente en el trabajo, el 38 por ciento de ellas su jefe. Por supuesto, el problema es que demostrar el acoso es muy difícil, de manera que resulta obvio por qué tantas mujeres (el 70 por ciento en el estudio citado) deciden no denunciarlo. Eso está cambiando, no obstante, en parte gracias a mujeres valientes como Gretchen Carlson, la expresentadora de Fox News, cuya denuncia por acoso sexual continuado derribó al poderoso presidente de la cadena televisiva, Roger Ailes, y animó a otra media docena de mujeres a hacer lo mismo. Así que, ¿qué puedes hacer si están acosándote?

TÁCTICAS DEFENSIVAS

🤜 Conocer la ley

La Comisión para la Igualdad de Oportunidades en el Empleo de Estados Unidos (EEOC por sus siglas en inglés) define el acoso sexual en el espacio laboral como insinuaciones sexuales no deseadas o conducta de naturaleza sexual que interfiere con el rendimiento laboral de un individuo. Hay dos tipos de acoso sexual: el *quid pro quo* —o el tipo de acoso en el que se te ofrece algo a cambio si accedes, y se te amenaza si no lo haces—, y el llamado «ambiente hostil», que es el más común y consiste en hacer comentarios sobre la inferioridad de tu género, o bien comentarios sexuales que crean un ambiente que pueda ser considerado hostil. En el caso de Carlson, fue la suma de ambos.

🤜 Documenta todo

Uno de los motivos por los que el caso de Gretchen Carlson contra Roger Ailes fue tan sonado es que ella lo documentó absolutamente todo. Durante un año y medio estuvo grabando con su teléfono las reuniones que mantenía con el presidente. Si crees que están acosándote, lleva a cabo un registro de todas y cada una de las interacciones inapropiadas, e incluye la hora, la fecha y las circunstancias. Plantéate grabarlas. Ni se te ocurra —repito, ni se te ocurra— guardar esas notas en el ordenador del trabajo. Si confías en algunos de tus compañeros cuéntales lo que está pasando, para que en caso de que decidas ponerle freno tengas testigos que corroboren tu historia.

🤜 Cuéntaselo a tus compañeros

Lo más seguro es que, si te lo está haciendo a ti, también acose a alguien más. Cuantos más seáis, gozaréis de más poder, y seguridad.

Denúncialo

Según el Tribunal Supremo de Estados Unidos, denunciar el acoso sexual es un requisito previo para interponer la correspondiente demanda, con el propósito de que tu jefe tenga la oportunidad de corregir la situación. Denunciar a un jefe puede ser complicado, así que cuéntaselo a la persona adecuada. Muchas empresas tienen un departamento de Recursos Humanos, pero si no es así, habla con alguien que esté al mando y en quien confíes. También puedes hacerlo por escrito. La idea es que cuentes con tantas evidencias documentales como te sea posible obtener para adjuntar a la demanda, en caso de que decidas ir hasta el final del asunto. Si la empresa no toma medidas para detener el acoso, también ella será responsable.*

Rellena un formulario de queja de la EEOC

Dependiendo de tu situación, en Estados Unidos dispones de entre ciento ochenta y trescientos días desde la fecha del último incidente para rellenar el formulario, y hacerlo a través de la EEOC es una manera de protegerte de futuras represalias.

Cree a las mujeres

El acoso sexual es asombrosamente habitual y, aun así, se necesitan siempre muchísimas denuncias —y años— para que se lo considere una realidad. ¿Por qué? Porque muy a menudo no creemos a las denunciantes. Ten esto en cuenta la próxima vez que seas testigo o tengas noticia de un comportamiento que te resulte inapropiado. Y recuerda: por lo general, el acoso sexual no tiene que ver con el sexo, sino con el poder.

---

* Véase en «Notas» información adicional a esta edición.

El enemigo
EL VENDEHÚMOS

George llegó a la oficina tarde y con un colocón bastante evidente. Luego se pasó unas seis horas introduciendo algunos datos en una hoja de Excel y planeando cuidadosamente el pedido de su comida. A eso de las tres de la tarde desapareció. Nadie sabía adónde había ido, y ninguno de los jefes se dio cuenta, pero todos los empleados calcularon el tiempo que estuvo fuera. Tenía veinticinco años, medía metro noventa y su pelo pedía a gritos un buen corte. (Sí que sabía de sitios para ir a comer, eso sí.) George era un Vendehúmos; es decir, uno de esos tíos que no parece hacer más que el idiota y, aun así, se las apaña para conservar su empleo e incluso lograr que lo asciendan (nosotras llamamos a eso «potra»). El Vendehúmos adopta varias formas, pero todos tienen una cosa en común: se alimentan de la confianza ciega, y se hacen fuertes porque la mayoría de nosotros tenemos dificultades para diferenciar entre lo que es ser «competente» (ser bueno en tu trabajo) y tener «confianza»[17] (actuar como si fueses bueno en ello). A eso hay que añadir que es más probable que los hombres consideren su trabajo mejor[18] de lo que es en realidad, cuando las mujeres creemos que es peor y que el Vendehúmos convierte en arte no hacer absolutamente nada mientras nosotras lo vemos ascender de manera discreta.

TÁCTICAS DEFENSIVAS

🤜 Diagnostica

Antes de que empieces a exagerar, asegúrate de que tu diagnóstico es el correcto. Es posible —poco probable pero posible— que lo que tú percibes como vagancia sea en realidad hipereficiencia. Obsérvalo y averígualo. Y oye, si al final resulta que sí es capaz de terminar todo el trabajo y además echar un par de partidas de *Candy Crush* durante el día, entonces puede que te interese que te dé algunos consejos.

🤜 No lo encubras

No, no tienes por qué ser una chivata, pero reconoce que el Vendehúmos consigue mantener su empleo sin hacer nada en parte porque nadie le llama la atención. Si el Vendehúmos intenta delegar en ti (los Vendehúmos son buenísimos delegando el trabajo que ellos no quieren hacer), no se lo permitas. Si un jefe viene y te pregunta por él, no le digas «Creo que se ha ido a por la comida» cuando en realidad sabes que está fumándose un porro. De lo que más depende el Vendehúmos es de los compañeros que no le plantan cara.

🤜 Ataca su vagancia

Si tienes que trabajar con un tipo así, y él tiene algunas virtudes redentoras que lo convierten en alguien mínimamente indispensable, averigua cómo lograr que sea más eficiente. A lo mejor necesita una fehca de entega detrás de otra. Quizá simplemente viva en otro planeta. Vigílalo de cerca, y pregúntale con frecuencia qué está haciendo mientras está trabajando.

Cuéntaselo al jefe

Plantéate si el Vendehúmos está afectando a tu trabajo. Si solo te resulta molesto, intenta pasar de él; tienes batallas más importantes a las que enfrentarte. Pero si está haciéndote la vida imposible o pone en peligro tu trabajo, entonces valora si te conviene hablar de ello, bien con él, o bien con tu jefe. Si escoges lo último, prepárate, pues necesitarás un registro completo y detallado de todas las faltas de profesionalidad del Vendehúmos, y cuantos más seáis a la hora de contarlo, mejor: un único informante es sencillamente un cotilla, pero que un grupo de gente denuncie la ineptitud de un empleado es beneficioso para la empresa.

REVISA TU VOCABULARIO DEPORTIVO

Intercepta al Atleta de la oficina

 El Atleta de la oficina es el que te felicita por tu presentación de «golazo», sugiere que el equipo se centre en «desplegarse en el terreno de juego» y presenta una estrategia para «ganar el partido». Podría considerarse un ejemplo de Atleta el presidente del Tribunal Supremo, John Roberts, cuando, durante la presentación de su candidatura, afirmó que «su trabajo es atrapar pelotas y hacer *strikes*, y no lanzar o batear». También Barack Obama, cuando le pidieron que describiera los principios de su política exterior y dijo: «Logras *hits* sencillos, *hits* dobles... y de vez en cuando un *home run*».

El Atleta de la oficina también puede ser una mujer; no cometamos el error de asumir que los deportes solo les gustan a los hombres (hacer deporte, de hecho, ayuda a forjar líderes femeninos).[19] Pero son las mujeres, y no los hombres, las que afirman sentirse excluidas por ese lenguaje de coleguitas deportistas, y consideran necesario aprenderlo para encajar en el grupo.

Si jugamos bien las cartas del CLF, muy pronto las jefas de todo el mundo pondrán en su sitio al Atleta de la oficina: «el área de penalti» (jejeje). Pero hasta entonces, aquí tienes un test que te ayudará a superarlo en su propio campo.

Une cada expresión con su definición

1. Bloqueo y continuación

A. Usar tu cuerpo para impedir físicamente que alguien entre en tu despacho o cubículo
B. Cuando intentas ir a una página web dudosa y el cortafuegos de tu empresa te lo impide
C. Gestionar los aspectos más insignificantes del día a día

2. Mover la portería

A. Apartar la silla a alguien justo cuando va a sentarse
B. Cambiar el objetivo ya establecido de un proyecto después de que haya empezado
C. Ordenar el escritorio a alguien mientras ella está de vacaciones

3. Tres puntos

A. Cuando se te cae el boli dentro de la taza de café

B. Una lectura de poesía espontánea en tres partes en la oficina

C. Algo tan bueno y sencillo que nadie plantea objeciones

4. Amagar y fintar

A. Llamar al departamento de Informática para que conecte tu ordenador al proyector durante una presentación

B. Cambiar los planes en el último momento

C. Marcar un número 906 desde el teléfono del trabajo

5. Colocar el tee

A. Asegurarte de que todo el mundo lleva *t-shirts* a juego el *casual Friday*

B. Cuando alguien te pregunta si quieres té y te apetece

C. Tener algo listo para que otra persona pueda llevárselo fácilmente

6. Pole Position

A. Estar en la mejor posición posible respecto a los competidores

B. Cuando alguien bebe demasiado en la fiesta de Navidad y se desmelena en la pista de baile

C. El asiento o despacho que está más cerca de la barra en una estación de bomberos

7. Colgar balones al área

A. Un intento desesperado por lograr algo cuyas posibilidades de tener éxito son mínimas

B. Lo que te bebes para resistir la mañana después de una noche de juerga total

C. Rezar en grupo antes de una reunión de equipo

RESPUESTAS

1.	C	4.	B	7.	A
2.	B	5.	C		
3.	C	6.	A		

Segunda parte

IDENTIFÍCATE A TI MISMA

AUTOSABOTAJE

Femenino

Es una sensación extraña saber, en lo más profundo de tu ser, que eres buena en algo y, al mismo tiempo, dudar de que sea verdad. No recuerdo haberme sentido así jamás en el instituto, ni tan siquiera en la universidad. Pero cuando llevaba seis meses en mi primer trabajo la duda me asaltó y se convirtió en una voz interior continua. Pronto empezó a dominarme.

Todo comenzó cuando reparé en que ascendían a los chicos de mi clase de prácticas a puestos de redactores mientras yo seguía con mi contrato eventual a tiempo parcial, y encima cuidaba al hijo de mi jefe los fines de semana y trabajaba por las noches en un bar. Continuó después de que me hicieran fija toda vez que me adaptaba a mi trabajo, aunque ya hubiese dejado atrás a aquellos tíos. En ocasiones tan solo me planteaba una pregunta sencilla: «¿Eres lo suficientemente buena?». Pero hacía que balbuceara en las reuniones, y con frecuencia pareciera una idiota, o que me ofreciera a ir a por café o a tomar notas para que, al menos, se viese que estaba contribuyendo en algo.

De alguna manera tuve suerte y fui consciente de que no estaba sola, porque en el Club había otras mujeres que también se sentían de un modo semejante. Fue durante una reunión en concreto, cuando Shauna, una osada guionista de la tele, nos contó que en la proyección del episodio piloto de su serie para una cadena de televisión los responsables de la cadena le dijeron que, si bien les había encantado, necesitaban algo un poco más «masculino» para la audiencia (era una mujer quien la protagonizaba). Shauna estaba tan alucinada que no argumentó nada, y no fue capaz de contestar con una de las ingeniosas réplicas que siempre tenía. Se preguntó si estaban de broma, incluso si lo había oído de verdad. Cuando tuvo claro que hablaban en serio, les dio las gracias educadamente y se largó. Se pasó los siguientes meses cabreada consigo misma por no haber luchado más por su guion.

El problema se manifestaba de manera distinta para otras. Amanda, una ayudante de investigación en una organización sin afán de lucro, nos contó la siguiente historia: durante su evaluación de rendimiento su jefe le confesó que estaba llevando a cabo un trabajo extraordinario, lo que a continuación le habría supuesto probablemente un aumento de sueldo si no lo hubiese interrumpido para decirle: «Que tú estés contento es toda la gratificación que necesito». (Tal cual.) Nell, una monologuista de humor, comentó que se había sentido tan incómoda cuando otro cómico al que ella admiraba empezó a felicitarla por una actuación reciente que se excusó alegando que la estaban llamando por teléfono. Alicia, otra de las mujeres, bromeó diciendo que había pensado en cortarse la melena a lo *garçon* (o recogérsela con horquillas todos los días) porque se ponía tan nerviosa cuando tenía que hablar en las reuniones que no paraba de enroscarse un mechón con el dedo.

¿Qué nos pasaba a todas? ¿Por qué no éramos capaces de expresar nuestras ideas con convicción, o aceptar halagos o ponernos de pie para ser el centro de atención? Cuando empezamos a reunirnos, habíamos acordado una norma: podías quejarte cuanto quisieras, pero también tenías que regalarte el oído. Si no lo hacías por ti, debías hacerlo con otra de nosotras. Pero ahí estábamos, haciendo lo contrario a alardear. En vez de un Club de

no te mereces el éxito

NO ERES LO SUFI-
CIENTEMENTE BUENA

EN ABSOLUTO

DÉJALO

ELLA ES MUUUCHO MEJOR

FALLARÁS

¡CÁLLATE, CEREBRO!

LA GENTE TE PAGA
por hacer esto

¡TE LO MERECES!

DEJA DE COMPARARTE CON OTRAS

VALES MUCHO

50

la Lucha, nuestra cena se había convertido en una sesión de terapia de grupo deprimente: una versión triste y autosaboteadora de unas feministas.

En 1963 Betty Friedan publicó *La mística de la feminidad*, libro en el que describía un sentimiento que muchas mujeres de su época experimentaban pero del que ninguna hablaba: era un desasosiego, una sensación de vacío, la impresión de que, aunque tenían casas en urbanizaciones preciosas, y lavavajillas nuevos, y niños, y maridos (¡todo lo que una mujer podía desear!), había algo que... faltaba. Era principalmente un problema de la clase media alta y blanca: no todas podían permitirse el lujo de dicho vacío. No obstante, empezó una revolución. Friedan lo llamó «el problema sin nombre».

Quizá el problema sin nombre de nuestros días se derive de los posos de aquel sentimiento. Ese vacío ya no está —a las mujeres se les permite tener carreras profesionales—, pero lo ha reemplazado la sensación de que todavía no nos merecemos estar donde nos encontramos. Aparece de forma obvia y no tan obvia. Es esa voz interior de duda propia que te mina la confianza; la impresión de que no te mereces que te asciendan, que no estás preparada y probablemente la vas a fastidiar; o la sensación de que cometer un error insignificante significa que «deberías dejarlo, porque no estás hecha para este trabajo». Es mostrar modestia ante un cumplido. Decir que sí cuando lo que quieres es decir que no. Encoger el cuerpo para no ocupar demasiado espacio. Bajar la cabeza y currar duro, con la suposición bien intencionada de que acabarán por reconocer tu diligencia megasilenciosa.

¿Por qué nos sentimos tan confundidas? Para empezar, por culpa de siglos de historia en los que se nos ha considerado el «sexo débil», o se nos ha dicho que no éramos imprescindibles. Y ese sentimiento ha calado en nuestra mente, nos ha calado hasta los huesos. Y después nos han engañado diciéndonos que podemos conseguir «¡cualquier cosa que te propongas!», pero nos hemos dado cuenta de que no siempre es así (y no por nuestros méritos). Pero también cuenta la presión: tener que ser buenas en el terreno que las mujeres que nos han precedido nos dejaron; no cometer fallos, ser perfectas sin esforzarnos, cuando sabemos que nuestras equivocaciones se verán más y se recordarán durante más tiempo que las de nuestros colegas masculinos.*

Todo el mundo se pone trabas a veces. Los hombres también. Lo que es importantísimo es reconocerlo cuando sucede y ser consciente de ello para encontrar una solución... o calmarnos las unas a las otras.

---

* HECHO.

La saboteadora:
LA MAMÁ DE LA OFICINA

Se ofrece voluntaria para organizar la colecta de alimentos de Acción de Gracias, lleva el programa de mentorías de la empresa y se queda hasta tarde para planificar la fiesta de Navidad aunque esté saturada de trabajo. (A veces te la encuentras, literalmente, limpiando el *office*.) Es la Mamá de la Oficina, y seguro que la conoces: según infinidad de estudios, las mujeres hacen la mayor parte de las llamadas «tareas domésticas» de la oficina, y a menudo no se les reconoce.[1] Eso se agudiza con las mujeres negras y las latinas,[2] que con frecuencia explican que sus compañeros varones las presionan para que realicen tareas más administrativas, como organizar las reuniones o rellenar formularios. Ahora bien, puede que a la Mamá de la Oficina no le importe hacer eso... algunas veces. Pero ese no es el tema. La clave es que ese tipo de trabajo no la beneficiará profesionalmente del mismo modo en el que lo hace a los hombres.* De hecho, los hombres que llevan a cabo la misma cantidad de «tareas domésticas» de la oficina que las mujeres tienen más probabilidades de que se los recomiende para ascensos, proyectos importantes, aumentos de sueldo y bonificaciones.[3]

---

* SÍ, según refleja un estudio llevado a cabo por la Universidad de Nueva York, a un hombre que se ofreció a quedarse en el trabajo más allá de su horario se lo evaluó un 14 por ciento más favorablemente que a una mujer que se había ofrecido para hacer lo mismo; cuando ambos se negaron a hacerlo, a la mujer le descontaron dinero de la nómina, y se le dio una puntuación un 12 por ciento más baja que a él.

TÁCTICAS DEFENSIVAS

🤜 Madre pasota

Elude cuantas tareas «maternales» te sea posible. Eso incluye tomar notas, enviar *mailings*, pedir la comida de otros, planificar fiestas o cualquier otra cosa que sabes que a un hombre no le pedirían que hiciese. Si te da la sensación de que siempre te tocan esas tareas y tienes una posición de poder, delégalas en otros. Si no es así, pide a otros que te ayuden (o di al que te pide que lo hagas que, si no le importa, se lo encargue a Joe porque tú tienes «mogollón de trabajo»). Valora la situación y plantéate decir que no o solicitar algo a cambio. Recuerda: si te comportas como una voluntaria, tienes todas las papeletas para que te traten como tal.

🤜 Ten a mano el reloj

Cronometra el tiempo que inviertes en hacer estas tareas, teniendo en cuenta que no es el tipo de trabajo que hará que se fijen en ti (por lo menos, no para que tu jefe se plantee que mereces un ascenso). Aunque nunca lo hayas necesitado, tenerlo por escrito te permitirá explicar —si surge la ocasión— cuánto tiempo empleas exactamente en esas tareas que, si bien benefician a la empresa, no te ayudan en tu carrera.

DPTA (Demostración Pública de Tareas Adicionales)

Asegúrate de que todo el trabajo que haces, hasta el más insignificante, lo vean quienes tienen que advertirlo (en otras palabras, ten presente la trampa del «árbol que cayó en el bosque»*). Varios estudios demuestran que los hombres que se ofrecen a ayudar probablemente lo pregonen a los cuatro vientos, asegurándose de que están observándolos, mientras que las mujeres lo hacen calladitas y sin llamar la atención.[4] Así que, vale, puede que no te importe doblar servilletas después de que termine tu turno o hacer fotocopias para una reunión por la mañana temprano. Simplemente asegúrate de que lo haces en una zona de mucho tránsito, donde todo el mundo te vea dedicar tiempo extra. Y si te das cuenta de que hay una compañera que hace más que lo que debe, elógiaselo en público para que eso la ayude a llevarse algo de mérito.

Un sistema de ayuda

Desarrolla un sistema de rotación para que la carga «maternal» de las tareas serviles no recaiga en una sola persona. Tanto si es haciendo una hoja de cálculo, anotando una convocatoria en el calendario o sacando nombres de un cuenco, si tienes el poder de hacerlo, úsalo. Y si no es así, haz un comentario para que los demás se den cuenta de quién está pasando más horas en la oficina de las que debe (e incluso ofrécete para ayudarla).

---

* «Si un árbol cae en el bosque y nadie lo oye, ¿ha hecho ruido?» Famosa frase usada en metafísica cuyo significado es: «¿Puede existir algo si no se percibe?». *(N. de la T.)*

La saboteadora:
LA AUTOQUITAMÉRITOS

Pregunta a un hombre el porqué de su éxito, y te detallará sus cualidades y habilidades innatas. Pero pregúntaselo a una mujer, y empezará a atribuirlo a cosas como «el trabajo duro», «la ayuda de los demás»[5] o «la suerte». La Autoquitaméritos sabe que no existe un «yo» en un equipo..., pero también se olvida con frecuencia de que sí que hay un «yo» en «yo quiero un aumento», «yo lidero ese proyecto» o «yo me merezco un ascenso». Como resultado de siglos (si no milenios) en los que se ha negado el mérito a las mujeres por sus logros (véase el Usurpador, p. 10) y, además, se les ha dicho que fuesen «modestas»,[6] la Autoquitaméritos es indecisa a la hora de hablar de sus logros e incluso rebaja su experiencia con respecto a los hombres. La Autoquitaméritos comete los errores de trabajar demasiado en equipo y no apropiarse del mérito ni tan siquiera cuando se lo merece, minando su propia capacidad.

TÁCTICAS DEFENSIVAS

👊 No más tarjetas de agradecimiento

Ya conoces este tipo de mérito: consiste en mostrarte «agradecida» por toda la ayuda que has recibido por parte de tu equipo, en vez de aceptar que el mérito es tuyo. Las mujeres suelen otorgan más mérito[7] del necesario —o incluso del real— a sus compañeros («¡No podría haber hecho esto sin Sam!»), y en algunos casos hasta señalan sus propias cualidades negativas para desviarlo hacia ellos. El primer paso para no dejar que los demás se apropien del mérito de tu trabajo es no regalarlo como si fueran caramelos.

👊 Asume el mérito donde debes

Asegúrate de que se conozca tu contribución individual cuando trabajes en proyectos en equipo, sobre todo si hay hombres en él. Algunas investigaciones han demostrado que mientras que a las mujeres se les otorga más o menos el mismo mérito por el trabajo cuando lo hacen solas o con otras mujeres, cuando lo hacen con hombres se ven en desventaja, porque ellos reciben, por defecto, el mérito de una labor conjunta.[8]

👊 Acepta los elogios

La próxima vez que alguien te felicite por tu trabajo emplea la siguiente fórmula de autoayuda: di «gracias». Es tan simple como radical.

> **JEFE:** ¡Muy buena tu presentación de hoy!
> **TÚ:** ¡Gracias! ~~Pero en realidad el mérito es de Harold~~.

> **JEFE:** Buen trabajo en esa propuesta. Sé que te has esforzado.
> **TÚ:** Gracias. ~~No ha sido para tanto~~. (Puedes añadir: «Lo cierto es que he trabajado durísimo»).

COMPAÑERO: Enhorabuena por tu ascenso.

TÚ: Gracias. He tenido mucha suerte.

Interpretación selectiva

Hay una escena en *Annie Hall*, la película de Woody Allen, en la que el personaje de Allen, Alvy, intenta averiguar por qué falló su relación con Diane Keaton (Annie). Aparecen sentados por turno en la butaca del terapeuta Y este les pregunta cada cuánto mantienen relaciones sexuales. «Prácticamente nunca. Puede que tres veces a la semana», dice Alvy. «A todas horas. Diría que unas tres veces a la semana», dice Annie. Esta escena refleja a la perfección lo importante que es la interpretación personal a la hora de aportar cualquier tipo de información. Así funciona en el lugar de trabajo:

ENTREVISTADOR: Hábleme de su experiencia.

STEVE: Ya cuento con seis meses de experiencia y...

WILLA: Solo cuento con seis meses de experiencia, pero...

¡No seas Willa!

QUERIDA, RECONÓCETELO DE UNA MALDITA VEZ: EL JUEGO DE COMPLETAR PALABRAS DEL CLF

Yo, _____ [tu nombre], empezaré a reconocer el mérito por mis logros.

Yo, _____ [tu nombre], no tuve «suerte». Y no fue _____ [elige una: «poca cosa», «una nimiedad», «gracias a Kevin»].

Mi _____ [tarea relacionada con el trabajo] fue [adjetivo positivo]. Trabajé _____ [adverbio seguido por «como una condenada»] esclava en ello.

_____ [pronombre de la primera persona del singular] no podría haberlo hecho sin la ayuda de [nombres de los otros que comparten el mérito], y [pronombre de la primera persona del singular] estoy realmente orgullosa de lo que _____ [pronombre de la primera persona del plural] logramos.

_____ [pronombre de la primera persona del singular] soy _____ [adjetivo positivo], _____ [adjetivo positivo] y _____ [adjetivo positivo].

Yo soy una _____ [versión femenina de rey].

La saboteadora:
LA FELPUDO

Tiene miedo de decir que no, incluso cuando quiere hacerlo, y en consecuencia acaba con una sobrecarga de trabajo y agotada, poniendo las necesidades de los demás por encima de las suyas. La Felpudo se diferencia de la Mamá de la Oficina en que no solo se le pide que asuma el papel de madre, sino que se confía en ella para que se haga cargo de todo y, por desgracia, la solución no se limita a decir que no más a menudo. La Felpudo no es simplemente una pusilánime, aunque lo más probable es que sepa que hay una «expectativa» implícita cuando dice que sí porque es mujer —«¡Es generosa! ¡Es agradable! ¡Es servicial!»—, y tiene razón. Cuando los hombres dicen que no a realizar trabajo extra, lo entendemos —«¡Debe de estar ocupado!»—, pero cuando las mujeres lo hacen se las castiga:[9] reciben peores evaluaciones de rendimiento, menos recomendaciones para ascender y a sus compañeros les gustan menos. Así que ¿cómo decir que no sin recibir un castigo o, al menos, decidir cuándo merece la pena llevarte uno?

TÁCTICAS DEFENSIVAS

🤜 Conoce tu rango

Valora tu lugar en el escalafón jerárquico. ¿Eres becaria? ¿Ayudante? ¿Tu trabajo consiste en hacer horas y trabajo extra? ¿Sí? En tal caso, quizá no sea una idea genial que empieces a negarte a hacer cosas. Pero, sea como sea, considera qué peldaño ocupas en la jerarquía... y quién te está pidiendo que hagas algo. ¿Es un jefe intermedio o el becario del cubículo contiguo al tuyo? Como con todos los consejos que hay en este libro, confía en tus instintos... y en tu sentido común.

🤜 Valora el coste

Sopesa la tarea —o la «oportunidad», lo que quiera que sea— antes de comprometerte. ¿Cuánto tiempo va a llevarte? ¿Qué obtendrás de ella? ¿Es una tarea apropiada para ti —por ejemplo: «Por favor, ayúdame a revisar rápidamente este documento»—, o eres una jefa intermedia a la que tu superior le está pidiendo que le recoja la ropa en la tintorería? Ten en cuenta todo esto en contexto: ¿te gusta, respetas o trabajas directamente con la persona que te lo está pidiendo? ¿Esa persona siempre te pide ayuda o ese trata de un caso aislado? ¿Te lo compensarán? ¿Disfrutas haciendo esa tarea? Ninguna de estas preguntas es trascendental, pero merece la pena ser estratégica. Si revisar el informe a alguien hará que te vean con mejores ojos, hazlo. Decir que sí no es necesariamente malo, pero ten en cuenta que la gente a menudo lo hace tan solo porque se siente obligada.[10]

🤛 Di que no

Intenta diferenciar entre una negativa y un rechazo. Tanto las mujeres como los hombres tienden a sentirse culpables cuando tienen que decir que no, pero nosotras nos sentimos más culpables.[11] Recuérdate que estás rechazándo la petición, no a la persona. Piensa en los costes que lleva implícito no decir que no, como menor tiempo para hacer tareas más importantes, o que te satisfaga o simplemente estar fuera de la oficina. Recuerda: no puedes contentar a todo el mundo siempre. Si lo que tienes es un trabajo, y no eres voluntaria ayudando a niños enfermos, ser agradable no es tu prioridad número uno.

🤛 Promete poco, cumple mucho

Ciertas investigaciones revelan que esperamos que las mujeres digan que sí con más frecuencia que los hombres[12] (¡ese patriarcado, chicos!). Pero hay estudios que también demuestran que quienes piden ayuda infravaloran de hecho la predisposición[13] de una persona a decir que sí (en otras palabras: puede que ellos estén más preparados a oír un «no» que tú a darlo). Cabe afirmar que, en algunos casos, la otra parte no espera que le digan que sí tanto como tú crees.

🤛 Quid pro quo

Negarse a hacer algo no es lo que causa la desigualdad; lo es no pedir algo a cambio. Cuando estés sopesando si debes hacer lo que se te ha pedido, pregúntate: «¿Y qué saco yo de todo esto?».

— Cómo decir no —

Fig. 1   Fig. 2

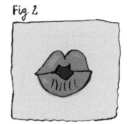

SITUACIÓN: De verdad no tienes nada de tiempo.

EN VEZ DE: «No puedo hacerlo ahora».

DI (SI ES TU JEFE): «Ahora mismo estoy liadísima, pero me encantaría echar una mano. ¿Me ayudas a priorizar?».

DI (SI ES UN COMPAÑERO): «¿Qué plazo te han dado? Estoy trabajando en varios temas en este momento».

SITUACIÓN: No estás de acuerdo con lo que te han pedido.

EN VEZ DE: «No creo que eso funcione».

DI: «Tengo otra idea en vez de esa...».

SITUACIÓN: No quieres hacer eso (pero no tienes una buena excusa).

EN VEZ DE: «No».

DI (SI ES UN COMPAÑERO): «Claro, me encantaría. ¿Te importa hacer tú [cualquier cosa igual de desagradable/tediosa/horrible] por mí a cambio?».

SITUACIÓN: Lo que te piden es ridículo o inapropiado.

EN VEZ DE: «Vete a tomar por saco».

DI: «Desgraciadamente no puedo». (Y no des más explicaciones. De cualquier manera, que te molestes en darlas no funciona con los imbéciles.)

La saboteadora:
LA CONTORSIONISTA

Es la estudiante que encoge las piernas por debajo de la silla, pega el cuerpo alrededor de ellas y levanta la mano con nerviosismo, como si estuviese intentando no ocupar demasiado espacio. ¿Por qué se acurruca de esa manera? Las teorías abarcan una gama inmensa: se empequeñece; se protege físicamente; intenta mostrarse inofensiva. Lo que está claro es que es una mujer —los hombres no se contorsionan para aparentar pequeñez— y que se subestima. Algunas investigaciones ponen de relieve que hasta el 93 por ciento[14] de la información que sacamos de los demás la obtenemos por vía no verbal, lo que significa que es cierto el viejo dicho de que no es lo que dices, sino cómo lo dices.* Así, aunque la Contorsionista haga la propuesta más inteligente de todos los presentes en la sala, los demás estaremos demasiado ocupados observando la delicada elasticidad de sus miembros para oírla.

---

* En un estudio realizado sobre 185 propuestas de capital de riesgo, Lakshmi Balachandra, doctoranda del Boston College, descubrió que aspectos como la «tranquilidad», el «contacto visual» y la «falta de torpeza» —en otras palabras, el carisma— eran mejores indicadores de quién recibía la financiación que el contenido real de las propuestas en sí.

TÁCTICAS DEFENSIVAS

El tamaño importa

Muéstrate tan grande como eres. Siéntate erguida, con la cabeza alta, cierra el puño para hacer una observación, pon los pies rectos y afianzados en el suelo y lleva contigo un jersey por si sientes frío, para que no te tengas que ocultarte debajo de un fular. La catedrática de Harvard Amy Cuddy dice a sus estudiantes femeninas que regulen al máximo de altura las sillas ajustables de la clase, sin que sus pies pierdan contacto con el suelo (evita parecer una niñita con las piernas colgando, por favor), y afirma que muchas de ellas le han comentado que resulta muy efectivo en las entrevistas de trabajo.[15] Transmitir autoridad con el lenguaje corporal es una herramienta fantástica para las mujeres, en parte porque tiende a eliminar las mismas implicaciones negativas que muchas otras de nuestras acciones asertivas.

Dueña del atrezo

Usa objetos de apoyo para evitar moverte mientras hablas: un boli, una taza... Sirve cualquier cosa que haga que tengas las manos ocupadas e impida que te pongas a enroscarte el pelo en los dedos o a jugar con tu bisutería. También es útil hacer la «pirámide»: junta las palmas por las yemas, presionándolas entre sí, de tal manera que parezcan una pirámide, lo que proyecta confianza.

Despatárrate

Aprende a ocupar espacio. En serio, oblígate a hacerlo, porque las mujeres tienden a ocupar menos espacio[16] en público que los hombres, juntando las piernas y manteniendo los brazos cerca del cuerpo. Intenta despatarrarte: estira la pierna cuanto puedas por debajo de la mesa como si le fueras a poner la zancadilla a alguien (pero, mmm, esto último no lo hagas). Yérguete como si tuvieras una regla pegada a espalda; así será más probable que los demás te vean con más confianza.[17] Si ya te sientes francamente superior, prueba con la «postura del Macho»: balancéate en la silla hacia atrás, con las manos entrecruzadas detrás de la cabeza y los pies encima de la mesa. (Procura, eso sí, que la «postura del Macho» no se convierta en la «caída del Macho».)

Imita

Haz que tu lenguaje corporal (y tu lenguaje verbal, ya puestos) se parezca lo máximo posible al de la persona con más confianza de la sala o al de quien desees impresionar. ¿Se levanta de la silla cuando habla? Sigue su ejemplo. Si tienes problemas para mantener la atención de la gente durante una reunión (informal), te resultará útil para mantener todos los ojos fijos en ti.

POSA CON PODERÍO

Mucha gente lleva a cabo una serie de rituales antes de dar un gran discurso. Hablan frente al espejo. Se toman un sedante. Escuchan música de Bach o Beethoven, o de Janet Jackson («Rhythm Nation», por supuesto). Cuando estoy a punto de salir a escena, sujeto una taza de café para evitar que me tiemblen las manos y luego me la llevo conmigo porque me da el chute de cafeína necesario y, al mismo tiempo, resuelve el problema de no saber qué hacer con ellas.

Si eres mi amiga Sally Kohn —una lesbiana progresista de metro ochenta a punto de entablar un debate político con un tío blanco conservador de Fox News— haz lo siguiente: ve al baño, o al pasillo o a un callejón. Ve a cualquier sitio en el que puedas estar un rato a solas. Estira los pies y la espalda, y ponte

POSTURAS DE ALTO PODER

WONDER WOMAN

(LLEVA SIEMPRE UN DISFRAZ POR SI ACASO)

GIGANTE SENTADO

DUEÑA DE LA MESA

SITIO ESTRATÉGICO

las manos en las caderas. Eleva la barbilla, inspira hondo y después quédate en esa postura dos minutos enteros. Tus niveles de testosterona aumentan y los de cortisona bajan, convirtiéndote de inmediato en una persona más confiada y menos ansiosa. Luego alísate la falda, mueve la melena y entra en el estudio andando como la puta ama que eres. ¿A que es fácil?

Sally aprendió este truco de Amy Cuddy, la psicóloga de Harvard cuya charla TED sobre las «posturas de poder» revolucionó el mundo. El atractivo del trabajo de Cuddy estriba en el hecho de que es fácil de llevar a cabo. Hay posturas que denotan «alto poder» —las que aumentan nuestra confianza—[18] y otras que reflejan «bajo poder», que son las que lo reducen. Y ahora saca la Wonder Woman que llevas dentro y adopta una postura de poder.

POSTURAS DE BAJO PODER

JOROBA DE USUARIA DE MÓVIL

ESTUDIANTE TÍMIDA

PIERNAS ENTRELAZADAS

EL TOBOGÁN

La saboteadora:
LA SEMPITERNA AYUDANTE

No dejes que te asignen siempre la tarea de tomar notas en las reuniones. Si lo permites, estarás transcribiendo toda la tarde mientras que el resto de la gente se pondrá al día en el tema que motivó la reunión.

HELEN GURLEY BROWN,
editora de *Cosmopolitan*

El director de una escuela de formación profesional de Nueva York advirtió una vez a sus estudiantes femeninas que no aprendieran taquigrafía porque, en su opinión, la «chica lista» que toma notas es «tan valiosa» que podría verse limitada a mantenerse pegada a su jefe para siempre con el cuaderno de taquígrafa a mano.[19]

Gracias a Dios, el taquígrafo desapareció hace tiempo junto con el teléfono de disco, pero la Sempiterna Ayudante se quedó. Es tan buena manteniendo en orden la vida de su jefe que él no puede vivir sin ella. Ella lucha para que sus compañeros no la vean únicamente como la administrativa de la oficina. Es paciente y leal, y espera —no, asume— que la ascenderán gracias a su buen hacer. Sin embargo, se queda atascada en el mismo sitio. Por si no lo sabes, ser demasiado buena en tu trabajo como ayudante te mantiene en él, a menos que lo abandones.

TÁCTICAS DEFENSIVAS

👊 Ofrécete y crece

Asume otras funciones que te permitan mejorar tus habilidades; si son optativas, coge «créditos extra» o un trabajo externo que te ayude a ganar visibilidad. Si proponen un proyecto de gran notoriedad, acéptalo. Aunque a veces lo parezca, no puede compararse trabajar en la oficina con ligar, pero ten presente que a lo mejor nadie se da cuenta de que existes hasta que una persona lo advierte.

👊 Un plan bienal y luego adiós

Un ayudante de veintitrés años de una agencia de contratación de Los Ángeles me contó que durante su entrevista de trabajo insistió en explicar a quien sería su jefe que, si bien no tenía problemas en echarle horas y currar duro, también estaba interesado en avanzar en su carrera y que se había puesto como meta dedicar dos años a aquello. Puede que un plan bienal no siempre sea realista, así que emplea esta táctica defensiva con cuidado. La cuestión, en cualquier caso, es dejar claro desde el principio que te interesa crecer profesionalmente.

👊 Asciende o lárgate

Ponte una fecha tope. Si, como el chico del caso anterior, te has propuesto un plan bienal y no parece viable, convoca una reunión para hablar de tus ambiciones y averiguar qué podrías hacer mejor para lograrlas. La paciencia es una virtud, pero también lo es saber cuándo ha llegado el momento de largarse.

MOMENTO DE ABRIR UN
«FONDO DE A TOMAR POR SACO»

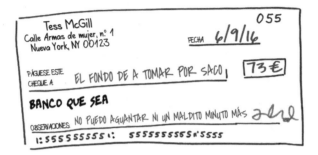

Tess McGill
Calle Armas de mujer, nº 1
Nueva York, NY 00123

055

FECHA 6/9/16

PÁGUESE ESTE
CHEQUE A   EL FONDO DE A TOMAR POR SACO,   73 €

BANCO QUE SEA

OBSERVACIONES: NO PUEDO AGUANTAR NI UN MALDITO MINUTO MÁS

⑆555555555⑆: 5555555555⑈5555

Es un fondo de emergencias para cuando no puedas aguantar más en un trabajo, en una relación o en cualquier situación. La expresión «Fondo de a tomar por saco» la acuñó la escritora Paulette Perharch, y para ella es una manera de «autodefensa financiera» que, en cualquier caso, no tiene por qué iniciarse con una gran cantidad. Puedes comenzarlo apartando una cantidad pequeña cada vez que cobres, o bien unos euros cada vez que puedas permitírtelo. La idea es ahorrar dinero de manera proactiva cuando y donde puedas porque, como todas sabemos, la vida te da sorpresas, sobre todo al principio de tu carrera. También es útil en casos de rupturas sentimentales, jefes repelentes, compañeros de piso morosos y lugares de trabajo en los que, literalmente, no puedes aguantar ni un maldito minuto más.

La saboteadora:
LA PRUDENTE

VALE, LO NECESITO

En cada clase hay una chica de estas: levanta la mano temerosa, solo un momento, y enseguida la baja porque no está segura por completo de la respuesta. También puedes encontrártela en la oficina hablando bajito detrás de la mesa, y aun así pensando que molesta, o acobardada en la sala de reuniones, expresando no muy convencida una idea y luego preocupada por si ha hablado demasiado. Las mujeres tienen más posibilidades que los hombres de que les digan que «no hablan» en las reuniones, y cuanto más superadas se ven en cantidad por los ellos, menos lo hacen todavía.[20] Por supuesto, este comportamiento responde a: constantes interrupciones (véase el Interrumpidor p. 6), al miedo a que todos seamos una panda de egoístas (véase la Humilde Petulante, p. 77), al hecho de que las expertas tienen menos «influencia» en los grupos en los que hay hombres y mujeres,[21] al miedo a equivocarse... y saber que seremos juzgadas con mucha más dureza si lo hacemos. Pero el resultado final es que tus ideas no son oídas.

TÁCTICAS DEFENSIVAS

👊 Se acabaron los secretos

Que sepas que esta costumbre va construyéndose durante toda la vida. Se adquiere en el parvulario, donde las niñas acostumbran tener una o dos amiguitas con las que se susurran secretos, mientras que los niños tienen pandas para jugar en grupo y darse órdenes.[22] A nadie le ha de sorprender, pues, que cuando ellos crezcan se conviertan en hombres que se sienten cómodos hablando, si no gritando, ante grandes auditorios, mientras que ellas se conviertan en mujeres que siguen favoreciendo las relaciones de tú a tú o las dinámicas de grupos reducidos.

👊 No te achantes: métete...

... en la conversación. Un estudio de la *Harvard Business Review* reveló que mientras que los hombres hablan de manera familiar en las reuniones, las mujeres prefieren hacerlo de modo más formal (y preparado).[23] Pero lo cierto es que no siempre es posible elegir el mejor momento para hablar; en ocasiones hay que meterse en la conversación. Una amiga mía, editora de una revista, se obliga a exponer al menos dos ideas por reunión y se da la mitad del crédito cada vez que interviene en la exposición de otra persona. Otra mujer que conozco lo logra haciendo preguntas —dirigidas—, porque así le resulta más fácil hablar de manera espontánea.

👊 Reúnete antes

Se ha descubierto que, mientras que las mujeres son altamente eficientes en las reuniones de la oficina —llevando a cabo un uso efectivo del tiempo—, los hombres suelen pasar más rato estableciendo vínculos los unos con los otros antes de la reunión para probar la validez de sus ideas (y reunir apoyos).[24] Métete en esos encuentros previos a las reuniones, aunque solo sea para llegar antes que nadie y hablar de tu idea a cualquiera que pueda estar escuchando. Es posible que te ayude a conseguir aliados, y te sentirás más preparada y respaldada cuando te toque hablar.

Habla cuanto te dé la gana

Aunque creas que no has parado de hablar —o que otra mujer habla por los codos—, en realidad has estado menos tiempo haciéndolo de lo que piensas. En grupos mixtos, parece que las mujeres hablan más de lo que lo hacen; sus contribuciones se ven como «equitativamente equilibradas», cuando lo cierto es que hablan un 25 por ciento del tiempo o menos, y si hablan entre un 25 y un 50 por ciento del tiempo se asume que están «dominando la conversación». Sin embargo, debemos hablar más y a la vez intentar cambiar la percepción de que lo hacemos en exceso. La normalidad se alcanzará cuando todas las mujeres presentes en una sala hablen.

Mantén el equilibrio

Haz que tus reuniones estén más equilibradas a nivel de género, pues así conseguirás que las mujeres se atrevan a hablar. Observa cuánto tiempo se pasan hablando los hombres y las mujeres de tu equipo, y anima a los más callados a que contribuyan. El expresidente Obama es famoso por interpelar a la persona más callada de la sala en las reuniones: «Eh, ¿por qué no intervienes tú también?».

SÍ, PRESUME

MUÉSTRATE ORGULLOSA

DE TI MISMA

Y DE TUS LOGROS

ASÍ SE HACE: SÉ FRANCA

Y SINCERA autosuperación

NO DEMASIADO Humilde

¡SE PERMITE FARDAR!

USA LA PALABRA

HOLA, ESTOY FARDANDO

NOSOTROS

POR EL EQUIPO

NO

YO YO YO YO YO YO YO YO

La saboteadora:
LA HUMILDE PETULANTE

Se siente #bendecida por haber obtenido una beca completa, «agradecida» (¡y «sorprendida»!) por que la hayan ascendido, y se siente #afortunada —que no orgullosa— por que le han concedido un prestigioso premio. En realidad, su propósito es que te enteres de todos sus logros, es decir, autopromocionarse. ¿Y por qué no iba a hacerlo? Está orgullosa de ellos. El problema con la Humilde Petulante es que no fanfarronea directamente, sino que enmascara su orgullo con una humildad falsa. ¿Por qué? Puede que no sea consciente de ello, pero la Humilde Petulante sabe que a nadie le gustan las mujeres que alardean, y no quiere que los demás la ven como una creída o una chula.[25] Pero también sabe que el exceso de modestia hace que se la infravalore y por eso emplea el sistema de fardar... pero sin fardar, promocionarse sin promocionarse, atribuir sus logros a la #suerte... para así seguir gustando a todos. Una idea genial... si funcionase.

TÁCTICAS DEFENSIVAS

🤜 Abate la falsa modestia

Puede que el narcisismo sea malo, pero la falta de sinceridad es aún peor.[26] No solo porque te hacer parecer menos agradable que si te dedicaras a fanfarronear descaradamente, sino porque también carece de eficacia, pues se considera odiosa y artificial. Sin embargo, hay una manera de presumir que no es para autopromocionarse, ni es falsa por fuerza, y no te verás excluida por alardear de nada: fardar por los demás. Consiste en que expongas lo maravillosa que ha sido tu idea para, acto seguido, explicar en qué medida ha ayudado a los demás (a tu equipo y a tu empresa).

🤜 No te menosprecies

Un estudio demostró que quienes presumen abiertamente[27] («¡Soy el alma de la fiesta!») tienen más posibilidades de caer bien que quienes se menosprecian todo el rato («Nunca soy el alma de la fiesta»). A las mujeres ya nos menosprecian bastante. Deja que se menosprecien los hombres que se lo puedan permitir.

🤜 Cíñete a los hechos

Expón los hechos, y no tus opiniones, cuando estés hablando de ti misma. Es mucho más difícil acusar a alguien de fanfarronear —o notar que alguien lo hace— cuando está exponiendo algo irrefutable. Di, por ejemplo: «He programado 79.387 líneas de código este mes», y no: «Soy superbuena programando». Mientras tanto, intenta enmarcar tus logros de manera que solo estés comparándote contigo misma, y no con otra persona. Por tanto, di: «He programado 79.387 líneas de código, unas 10.000 más de las que programé el trimestre pasado», y no: «He programado 79.387 líneas de código, unas 10.000 más que Sasha, aquí presente». Una vez más, los estudios lo avalan.[28]

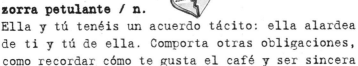 Búscate una zorra petulante

Será tu animadora personal. Ella alardeará de ti y tú de ella, y de ese modo ambas pareceréis mejores sin que se note que las dos estáis fardando de vosotras mismas. Y no, no me lo estoy inventando: las investigaciones demuestran que tener a alguien que alardea por ti[29] es muy efectivo, incluso aunque esté claro que esa persona no es imparcial (como en el caso de tu madre). ¿Y si eres tú la que alardeas por otra? Eso está también fenomenal. Te hace parecer una buena compañera de equipo. Además, siempre resulta más fácil presumir en nombre de alguien, ¿no?

---

zorra petulante / n.
Ella y tú tenéis un acuerdo tácito: ella alardea de ti y tú de ella. Comporta otras obligaciones, como recordar cómo te gusta el café y ser sincera en los probadores de las tiendas.

La saboteadora:
LA ETERNA CREYENTE

«En realidad no se trata de pedir un aumento —dijo Satya Nadella, director ejecutivo de Microsoft—, sino de saber y tener fe en que el sistema te otorgará el aumento correcto.». Nadella lo dijo ante un nutrido grupo de féminas reunidas en la Grace Hopper Convention, que homenajea el trabajo de las mujeres en empresas de tecnología. La audiencia se quedó de piedra. Perdón... ¿tener fe?

El lugar de trabajo no es un convento, ni siquiera un centro de la Cienciología. La última vez que lo comprobé, la fe no me pagaba las facturas o la próxima ronda. Y, sin embargo, la Eterna Creyente es real: es esa persona que cree que bajando la cabeza y haciendo un trabajo excelente, siendo leal a la empresa y teniendo fe en el sistema logrará el éxito. Es la empleada que no busca más ofertas de trabajo porque quiere demostrar su compromiso con la empresa, si bien nunca logra el ascenso que tanto ansía. La meritocracia puede funcionar. Pero seamos claros: no existe la divina providencia en el trabajo. Solo consigues lo que persigues.

TÁCTICAS DEFENSIVAS

👊 La lealtad no te paga el alquiler

... Y, sin embargo, las mujeres son menos propensas a dejar un trabajo pasados unos años que los hombres.[30] Vale, no es difícil imaginar por qué deberías quedarte: quizá has visto crecer el negocio, quizá amas a tu jefe, quizá tienes grandes amigos... y quizá te sientes culpable. Pues no. Si de verdad tienes un jefe fantástico, entonces él o ella deberían poner de su parte para que te sintieras feliz.

👊 Pide lo que quieres

No la versión *light* y autotransigente que crees que puedes tener. Las personas, sobre todo las mujeres, a menudo no piden lo que quieren, y esa es una de las razones por las que todavía existe la brecha salarial (y otras muchas cosas). Proponte pedir lo que de verdad deseas (¡Un aumento! ¡Un día más de vacaciones! ¡Una silla nueva porque esa está moliéndote la espalda!) exactamente como lo quieres.

👊 Se acabó la fe

Haz recuento de tus logros para basarte en hechos fehacientes —y no en la fe— cuando vayas a pedir lo que quieres. Aunque no estés preparada todavía para tirar la toalla, ten a mano ese historial para cuando tu fe ciega se desvanezca.

La saboteadora:
LA ENEMIGA

«Existe un lugar especial en el infierno —dijo Madeleine Albright— para aquellas mujeres que no apoyan a otras mujeres.» Por supuesto, si eso fuese cierto, muchas (¿la mayoría?) de nosotras estaríamos quemándonos a las mismísimas puertas.

He aquí a la Enemiga, también conocida como la Abeja Reina, la Chica Mala o la Antipática Despedidora. La Enemiga está implicada en el sororicidio, empuñando sus armas de combate en contra de sus hermanas, viendo a sus compañeras de batalla como enemigas en vez de aliadas.

> **sororicidio / n.** El peor crimen de guerra para el CLF: empuñar tus armas de combate en contra de tus hermanas.

La Enemiga encuentra su lugar en el mundo desde el principio, cuando se le enseña —en el momento en el que llega a la pubertad— que debe competir con otras mujeres (por la atención de ... los hombres). Más tarde, cuando accede a un puesto de trabajo, que todavía, por desgracia, es probable que esté dirigido por hombres, siente que debe competir de nuevo para demostrarse a sí misma sus capacidades, dando codazos a la mujer que tiene al lado para hacerse con un buen lugar (o impedir que se lo quiten). En cierto modo, es fácil de entender que veas a tus hermanas como competidoras directas si solo hay unas pocas vacantes en la cima y la representación femenina en ella es limitada. Incluso las mujeres que intentan ayudar a sus compañeras pueden ser penalizadas por ello, enfrentándose a evaluaciones de rendimiento más negativas[31] que las que no lo hacen.

La Enemiga puede adoptar varias formas:

LA COLEGUITA DE LOS CHICOS, que cree que para tener éxito debe distanciarse de otras mujeres o socavar su moral.

LA NIÑA BUENA, que para encajar con los tíos puede llegar a extremos increíbles, como aprobar su mal comportamiento o hacer como si fuera divertidísimo para demostrar que está al mismo nivel que ellos.

LA BÁSICA, que ve a todas las mujeres como competidoras y considera que cuantas más haya en la sala, menos espacio habrá para ella.

LA LANZADORA DE GRANADAS GENERACIONAL, que cree que porque ella tuvo que sufrir el patriarcado de épocas pasadas tú también. (Puede ser también esa compañera joven que piensa que las jefas son sencillamente «lo peor».)

LA ACOPLADA, que va como una zombi por el mundo laboral, sigue a rajatabla lo que piensa el resto del grupo y perpetúa los estereotipos establecidos por la masa.

Es fácil desdeñar a estas mujeres o jurar que no tenemos nada que ver con ellas. Y, sin embargo, el 95 por ciento de las trabajadoras[32] se han sentido menospreciadas por sus compañeras al menos una vez en su vida laboral, lo que significa que la mayoría de nosotras hemos conocido a una de ellas o bien hemos sido una de ellas.

TÁCTICAS DEFENSIVAS

🤜 Acción Vagfirmativa

Recuerda la norma número tres del Club de la Lucha Feminista: luchamos contra el patriarcado, no entre nosotras. Ser miembro del CLF implica que has hecho un juramento por el que te comprometes a ayudar a otras mujeres. Y que no se quede solo en palabras; pasa a la acción: contrata mujeres, asciende a las mujeres, sé mentora de mujeres. No llames a un hombre para una mesa redonda, un discurso, una reunión, una consulta o cualquier otro asunto relacionado con el trabajo hasta que no hayas llamado a un número igual de mujeres. Si estás buscando a alguien para una vacante y únicamente hay candidatos masculinos, esfuérzate por ver a un número idéntico de féminas cualificadas. La única manera de romper de verdad la tendencia de las mujeres de competir las unas contra las otras es situar a más en puestos de poder.

🤜 Aliadas, no enemigas

Sí, aunque esa mujer no te guste, demuéstrale que las sostendrás mejor que un sujetador de aros. Si eres el blanco directo de su animadversión, trata el conflicto cara a cara. ¿Empezaste con mal pie? Invítala a cenar. Dile que quieres que estéis en el mismo equipo. Pregúntale si puedes relajar el ambiente. Conviértela en tu aliada, no en tu enemiga.

🤜 Cuando ella brilla, tú también

Es lo que Ann Friedman y Aminatou Sow, buenas amigas y copresentadoras del *podcast Call Your Girlfriend*, llaman la «teoría del brillo», según la cual el éxito de otra mujer, su brillo, te hará resplandecer también a ti. Así que, en vez de competir con mujeres estupendas o estar celosa de sus éxitos, rodéate de ellas... y aprovecha su luz.

No es una pelea de gatas

¿Qué pasaría si te dijera que todo ese rollo de la Abeja Reina es una gilipollez? ¿Que, de hecho, no es que las mujeres sean más mezquinas unas con otras, sino que ese conflicto entre mujeres se ve de manera distinta[33] que los problemas entre hombres, o incluso entre los de hombres y mujeres? Cuando las mujeres tienen un conflicto recibe el nombre de «pelea de gatas» —un verdadero resentimiento irreparable—, pero cuando hay hombres de por medio se considera un simple desacuerdo, algo que ocurre en el trabajo y que se olvidará enseguida.

Masa clitoriana

He aquí la verdad: cuantas más mujeres haya en tu oficina, mejor para ti. Las empresas con más mujeres en sus consejos de administración tienen más ejecutivas, y más directoras o presidentas implica que hay mujeres en puestos de liderazgo, mejor pagadas, además. Y cuantas más mujeres líderes haya, más apoyadas se van a sentir las demás, sean jóvenes o mayores.[34] ¿Lo ves? El problema no son «las otras mujeres». El problema es el sistema, que nos enfrenta entre nosotras.

Los diez mandamientos de la Acción Vaqfirmativa

1. **Apoyarás a otras mujeres**
   Dales la bienvenida y acéptalas con apoyo maternal.
2. **Obtendrás fuerza del grupo**
   Una vez que comiences a ver a todas las mujeres como tus hermanas de lucha, empezarás a sentirte invencible.
3. **Seguirás firmemente la política de «las mujeres primero»**
   Contrata mujeres. Sé mentora de mujeres. Apoya las ideas de las mujeres. No tienes que ser antihombres, pero debes considerar primero a una mujer.
4. **Serás quien el Club de la Lucha cree que eres**
   Fuerte, segura de ti misma y leal. Deja que los vítores de tus compañeras de lucha se conviertan en tu voz interior.
5. **Os reafirmaréis las unas a las otras**
   Ser miembro del CLF obliga a: alardear en nombre de mujeres maravillosas, apoyar en público a una mujer con una buena idea y tomar muchos chupitos.
6. **Fomentarás las amistades femeninas**
   La única cosa mejor que una mujer segura de sí misma es todo un ejército de ellas.
7. **Pedirás ayuda**
   Explota el poder del grupo. Está para apoyarte.
8. **Respetarás a tus mayores**
   Nos inspiramos en las mujeres que nos precedieron.
9. **Elevarás a tus jóvenes**
   Transmite tu sabiduría a la generación siguiente. Ayúdalas a que se alcen. Aprende de ellas.
10. **Ayudarás a una hermana en apuros**
    Una vez al mes, DEBES hacer algo para ayudar a otra mujer.

La saboteadora:
LA IMPOSTORA

Cuando un hombre que imagina cuál será su carrera profesional futura se mira en el espejo ve a un senador reflejado. Una mujer no sería tan osada.

MARIE WILSON, creadora de la fundación
Take Our Daughters to Work Day

Poco después de que me contrataran como columnista en la página web de la revista *Time* me pidieron que escribiera sobre un libro llamado *The Confidence Code* [*La clave de la confianza*]. Teniendo en cuenta que me habían fichado para ello, cabe suponer que era capaz de escribir una columna. Pero era la primera que redactaba para ellos y estaba nerviosa. Estuve machacándome con la introducción, escribiendo y reescribiendo, borrando, cortando y pegando, moviendo frases de un lado a otro, trasladándolas más, y luego me pasé los siguientes diez minutos dándole a Ctrl más Z para volver a donde había empezado. Al final, encorvada sobre mi triste escritorio (la mesa de la cocina) de mi oficina (el salón), con mi uniforme de autónoma (el pijama), decidí que no estaba capacitada para escribir una columna. De hecho, estaba bastante segura de que mi nuevo contrato quedaría rescindido al final de la semana.

No fue así. Pero lo más irónico de todo es que el libro del que se suponía que tenía que escribir trataba sobre el síndrome del impostor, es decir, ese sentimiento paralizante de desconfianza que a menudo tenemos las mujeres cuando nos enfrentamos a un reto, lo mismo por lo que estaba resultándome imposible realizar el trabajo que tenía que hacer.

La expresión «síndrome del impostor» no se acuñó hasta la década de 1970, pero las mujeres siempre lo han sentido: esa molesta sensación de que, incluso sabiendo que has hecho algo muy bien, quizá no te merezcas los elogios. El síndrome del impostor afecta de manera desproporcionada a los grupos minoritarios: mujeres, minorías raciales, la población LGBT o, como explica Valerie Young, la autora del libro sobre el tema *The Secret Thoughts of Successful Women* [*Los pensamientos secretos de las mujeres triunfadoras*], personas que sienten la presión de «lograrlo a la primera». Es común entre los triunfadores,[35] la gente creativa y los estudiantes, y persiste durante la etapa universitaria y la vida laboral.

Existen varias maneras de reflejar el síndrome del impostor:

• **Tener la convicción absoluta de que vas a hacerlo mal.** Hasta Sheryl Sandberg, la directora operativa de Facebook, ha dicho que a menudo se siente así. (En serio, esa mujer es buena en todo. Eso es absurdo.) Así lo describió en su libro *Vayamos adelante*: «Cada vez que me hacían una pregunta en clase estaba convencida de que acabaría poniéndome en ridículo. Cada vez que hacía un examen, estaba segura de que lo había hecho fatal. Y cada vez que no me ponía en ridículo —o incluso que mis resultados eran excelentes—, tenía la sensación de que había conseguido volver a engañar a todo el mundo. Algún día no muy lejano se descubriría el pastel».

• **Sentirse un fraude absoluto.** O, cada cierto tiempo, a pesar de que lo hayamos «logrado», de alguna manera ser incapaz de sacudirnos de encima la sensación de que todo es humo, de que hemos engañado a todo el mundo, y de que en cualquier momento nos descubrirán y humillarán. Tres días antes de que tuviese que entregar el manuscrito a mi editor, cuando estaba sola en mi apartamento, sin haber dormido, recuerdo ir al aseo y pensar: «¿Por qué querría alguien leer sobre un montón de experiencias que son solo... mías?». A lo que mi editor, una mujer también, me contestó más tarde: «Yo me pregunto lo mismo constantemente acerca de mi capacidad como editora».

• **Quitarse méritos, incluso cuando otras personas los reconocen encarecidamente.** En mi caso, eso se manifestó hace poco cuando le dije a alguien que no me pagara por un trabajo. «¿Por qué no lo hago gratis?», me ofrecí. A lo que un amigo que por casualidad se encontraba en la misma habitación en la que yo estaba manteniendo esa conversación por teléfono prácticamente me dio un bofetón. «¡Jessica! ¡Coge el dinero!», me dijo. (En ese momento dije que sí.)

• **Infravalorar tu experiencia y tus conocimientos.** Estaba hablando de esto con una amiga que es maestra, y lo siguiente que me contó fue que estaba en el proceso de selección para un trabajo, antes de decir un «pero no estoy en absoluto cualificada» (¡y ya la habían seleccionado!). Otra mujer a la que entrevisté —una posdoctoranda de ingeniería llamada Celeste— me explicó que mientras trabajaba como ingeniera mecánica una vez un supervisor anotó en su evaluación que no se llamaba a sí misma «ingeniera». «No me di cuenta de que le había dicho a mis compañeros que no era ingeniera cuando sí lo era —me contó Celeste—, y pensé que, para mí, era una excusa en caso de que metiese la pata.»

TÁCTICAS DEFENSIVAS

🤜 Búscate una compinche

Habla con una compañera o amiga y pregúntale si también se ha sentido como una impostora. Saber que eso es algo que le pasa a más gente te ayudará a relativizar el problema; no es «algo» que solo te ocurre a ti. Si empiezas a oír esa voz dubitativa en tu cabeza, repítete a ti misma: «No soy yo, es el efecto del síndrome del impostor».

🤜 Machaca las deliberaciones internas

Pregúntate qué pruebas hay de que estés menos cualificada que cualquier otro para hacer ese trabajo. A continuación, pregúntate qué pruebas hay de que estés igual de cualificada, o incluso más, si cabe, para desempeñar ese trabajo. Haz una lista con al menos diez puntos.

🤜 Equivocarte no te convierte en un fraude

Cuando las mujeres la fastidian se cuestionan sus habilidades y aptitudes («¿Qué he hecho mal?»). Pero cuando son los hombres quienes meten la pata lo achacan a la mala suerte, a un trabajo mal hecho o a no haber recibido la suficiente ayuda; en otras palabras, a razones ajenas a ellos. Recuerda esto: hasta los mejores atletas la fastidian, los mejores abogados pierden casos, los mejores actores protagonizan fracasos. No dejes que los errores minen tu confianza.

🤜 Anímate a ti misma

Las palabras que te dices pueden cambiar la percepción que tienes de ti y estimular tu confianza durante un suceso agobiante.[36] Así que escríbete un posit o conversa contigo delante del espejo. Convéncete de que eres tan malditamente buena como tus compañeros varones y prohíbete recurrir a excusas como la suerte para explicar el porqué de tus éxitos.

Visualiza el éxito

Los atletas olímpicos lo hacen; también los oficiales del ejército. Visualiza con precisión cómo llevarás la situación —con éxito— antes de que ocurra.

Prepárate al máximo

... para la tarea que tengas que abordar en ese momento; únicamente para anticiparte a cualquier posible sensación de fraude o inseguridad. La canciller alemana Angela Merkel explicó en cierta ocasión que hace eso para superar sus dudas. Christine Lagarde, directora del Fondo Monetario Internacional, reconoció que constantemente se prepara lo máximo posible. Así lo explicaba: «Cuando trabajamos en un asunto en concreto, lo hacemos desde dentro, desde fuera, de lado, del revés, desde un punto de vista histórico, genético y geográfico. Queremos estar totalmente al frente de todo y entenderlo en su conjunto, para no dejarnos engañar por nadie».[37]

Bájate del carro de la duda

En su libro *Originales*, el experto Adam Grant describe dos tipos de duda: la duda «sobre uno mismo», que provoca que te paralices, y la duda «sobre nuestras ideas», que puede motivar a la gente a seguir trabajando con una buena idea, refinándola, probándola o experimentado con ella. Intenta convertir la duda «sobre ti misma» en una duda «sobre tus ideas» diciéndote: «No es que yo sea una mierda, es que los primeros borradores de cualquier idea siempre lo son... Y yo no estoy en ese punto».

IMPOSTORAS FAMOSAS

TINA FEY

«Lo mejor del síndrome del impostor es que dudas entre la egomanía extrema y una sensación absoluta de: "¡Soy un fraude! ¡Me van a pillar! ¡Soy un fraude!".»

FRAUDE

SONIA SOTOMAYOR

La jueza del Tribunal Supremo de Estados Unidos dijo que en Princeton se sentía siempre como si estuviese esperando a que alguien viniera a tocarle el hombro y decirle: «¡Tú no pintas nada aquí!».

NO PINTA NADA

MAYA ANGELOU

Sí, ella. La multipremiada autora dijo en una ocasión, después de publicar su decimoprimer libro, que cada vez que escribía otro se decía a sí misma: «Ahora sí que me van a pillar. He engañado a todos».

DESENMASCARADA

KIRSTEN GILLIBRAND

La senadora no tuvo la confianza que precisaba para presentarse a las elecciones hasta que se ofreció a ser voluntaria de las campañas de otros durante diez años. ¿Qué es lo que la detenía? «¿Soy lo suficientemente buena? ¿Soy lo suficientemente resistente? ¿Lo suficientemente fuerte? ¿Lo suficientemente lista? ¿Estoy cualificada?»

NO CUALIFICADA

JODIE FOSTER

La actriz ha dicho que pensó que había entrado en Yale por error, y que por la misma razón le habían concedido el Oscar. «Creí que todos se acabarían enterando y que me quitarían el Oscar. Vendrían a mi casa, llamarían al timbre: "Hola, perdone, queríamos dárselo a otra persona. Este era para Meryl Streep".»

UN ERROR

MERYL STREEP

Cuando le preguntaron en una entrevista si siempre sería actriz, la mujer con más premios Oscar de la historia contestó: «Piensas: "¿Y por qué vendrán a verme otra vez en otra película?". No sé actuar, así que ¿por qué hago esto?».

PRINCIPIANTE

MICHELLE OBAMA

De joven, la abogada y exprimera dama de Estados Unidos solía preguntarse de noche tumbada en la cama si aspiraba a demasiado, si su sueño no sería demasiado grande. «Al final, me cansé de estar siempre preocupada por lo que los demás pensaran sobre mí. Y decidí no escuchar.»

NO LO BASTANTE BUENA

La saboteadora:
LA PERFECCIONISTA

En Stanford lo llaman el «síndrome del pato»: ahí estás tú, deslizándote con una apariencia perfecta por encima del agua, mientras que por debajo de la superficie estás pataleando como una loca para mantenerte a flote. En la Universidad de Pennsylvania se conoce como «cara Penn», y se usa para describir a aquellas que dominan el arte de aparentar ser felices y seguras de sí mismas, incluso cuando están luchando con todas sus fuerzas. En Duke el fenómeno se llama «perfección sin esfuerzo», o la presión que sienten las universitarias por ser «listas, expertas, sanas, guapas y populares», y todo ello sin ningún «esfuerzo aparente».[38]

Las semillas de la Perfeccionista pueden plantarse en la adolescencia y brotar en la universidad, pero continúan creciendo en la vida adulta, cuando los errores de las mujeres se notan más y se recuerdan durante más tiempo (y se juzgan aún con más dureza si la mujer es de color).[39] La Perfeccionista se somete a sí misma a una presión inmensa, casi insoportable, poniéndose metas tan altas que resultan prácticamente inalcanzables, sin considerar siquiera la posibilidad de sufrir un revés (fallar no es una opción). Pero cuando la barrera del éxito está tan alta y es tan irreal se produce una autocrítica paralizadora inevitable. Y por eso, al primer obstáculo, la Perfeccionista suele abandonar. Eso si antes no le ha dado un ataque de nervios.

TÁCTICAS DEFENSIVAS

Date la vuelta de honor

Aunque la Perfeccionista sucumbe con facilidad a la autocrítica, raramente se da el gusto de celebrar sus victorias. Así que descorcha una botella de vez en cuando y date una palmadita en la espalda. Y ten presente que hasta los logros más nimios te acercan un poco más a la meta.

Ponte metas pequeñas

Eso no significa que bajes el nivel, sino que te fijas objetivos graduales, asegurándote de que son precisos para que sepas cuándo los has alcanzado. Piensa en ello como en una construcción de LEGO. Cada vez que logras una pequeña meta estás poniendo otro bloque. Y si se cae el décimo, el resto de la construcción se mantendrá en pie.

Pide ayuda

No tienes que «hacerlo todo». Pedir ayuda te hace parecer más competente, no menos. Date a ti misma permiso para solicitar colaboración.

Aprende a retirarte

Se ha demostrado que la firmeza —o la constancia hacia una meta a largo plazo hasta alcanzarla— puede ser la pasarela hacia el éxito.[40] Pero negarse a abandonar metas inalcanzables también puede causar muchísimo estrés.[41] La ambición es fantástica, pero en otras ocasiones hay que reconocer si una meta no es realista. Procura ser consciente de cuánta presión estás echándote encima... y plantéate si ha llegado el momento de intentar algo distinto.

La saboteadora:
LA ATACADA DE LOS NERVIOS

Es algo así como un choque de trenes a velocidad reducida que ocurre dentro de la boca. La Atacada no tiene por qué ser una parlanchina. En una conversación normal no divaga. Pero cuando está en el punto de mira —una presentación, una negociación o cualquier situación en la que hay mucho en juego— los nervios le juegan una mala pasada y es incapaz de articular una sola palabra. Habla rápidamente, cuando no de más, deja el discurso en suspenso y luego repite todo el proceso hasta que, finalmente, el mensaje que quería transmitir se pierde en su propio lío. Todos, tras salir de un momento de gran tensión, nos hemos preguntado qué narices acabábamos de decir. Pero la Atacada habla como si literalmente fueran a arrebatarle de un tirón el micrófono.

TÁCTICAS DEFENSIVAS

140 caracteres o menos

Vale, a lo mejor no hay que ser tan estricto, pero cuando contestes una pregunta o expongas una idea procura limitar tu respuesta a un sencillo y decisivo tuit (como mucho dos). Márcate una palabra o frase que te indique cuándo necesitas terminar. Sea cual sea el límite que elijas poner, la cuestión es obligarte a ser concisa; acto seguido, deja de hablar. Si te plantean preguntas, vale, sigue hablando. Pero si no: cierra el maldito pico.

Averigua cuándo das demasiada información

Si, después de una entrevista o una presentación importante, te arrepientes de haber divagado, sé consciente de ello e intenta averiguar qué lo motivó. Contrólate para no repetirlo la próxima vez.

Respira hondo

La gente tiende a hablar más rápidamente cuando está nerviosa. Respirar hondo dice a tu sistema nervioso simpático que se relaje y al cortisol que se calme.

El silencio es tu mejor amigo

Los silencios incómodos son desagradables para todos, pero también puede ser tu herramienta más poderosa. Tenlo presente cuando hagas una pausa larga; considera que te da tiempo para respirar. Deja en suspenso el impacto de tus palabras. Es posible que otra persona se sienta obligada a hablar primero. Así que intenta adoptar el silencio cuando sea el momento adecuado... y permite que sean otros los que divaguen.

La saboteadora:
LA AGOTADA

La Agotada existe en un mundo en el que a menudo se pide a las mujeres unos niveles de fortaleza y resistencia sobrehumanos, cuando muy pocas (si es que hay alguna) los tienen.[42] Los hombres también se agotan, pero no tanto: en un estudio realizado entre personas de edades comprendidas entre dieciocho y cuarenta y cuatro años, las mujeres eran mucho más propensas que los hombres a decir que, a diario, estaban «muy cansadas», «exhaustas» o agotadas.[43] Eso, junto con el exceso de trabajo, afecta negativamente a la salud de las mujeres,[44] mucho más que a la de los hombres. Y ¿qué sucede con las mujeres que tienen hijos? Cuando acaba el primer turno, empieza el segundo: los niños, la colada, la cena, las tareas domésticas... Tareas todas ellas que han recaído siempre, y de manera desproporcionada, en las mujeres.[45] ¿Es que tú no estás agotada?

TÁCTICAS DEFENSIVAS

👊 Móvil en modo avión

«El trabajo abarca veinticuatro horas al día, todos los días del año, si no le pones límites», en opinión de la creadora de series de Hollywood Shonda Rhimes. Así que márcalos. Cuando salgas de la oficina deja de comprobar si tienes emails. Si puedes permitírtelo, da a conocer esos límites a fin de que los demás los tengan en cuenta. Rhimes añade esto a todos sus correos electrónicos:

Por favor, toma nota: No compruebo si tengo emails del trabajo después de las siete de la tarde ni los fines de semana.
EN CASO DE QUE SEA TU JEFA, TE SUGIERO QUE APAGUES EL TELÉFONO.

👊 Pon fin a las horas extras

Mucha gente se queda hasta tarde en la oficina para demostrar que está comprometida... y espera que, a la larga, le compense. Pero todas esas horas extras no compensan a las mujeres necesariamente, porque lo más seguro es que, además, la mayor parte de las tareas que hay que hacer en casa sea responsabilidad de ellas. Según un estudio, en los lugares de trabajo en los que se otorga un gran valor a las «horas extras», a las mujeres suele dárseles una evaluación mala y tienen menos posibilidades de conseguir un ascenso.

Relájate y disfruta

La mayor diferencia entre el tiempo que un hombre pasa en casa y el que pasa una mujer es que él tiene más ratos de ocio que ella, unas cinco horas más cada semana, según el Pew Research Center.[46] Cuanto menos tiempo dediques a recuperarte, descansar o simplemente relajarte, más agotada te sentirás. Así que añade tiempo a tu agenda. O, mejor todavía, déjala en blanco y ve anotando en ella poco a poco las cosas importantes. Deja de sentirte culpable por darte un paseo a la hora de comer. Saca tiempo para ti... y para todo aquello que te ayude a mantener tus niveles de estrés bajo control.

Prioriza sin piedad

Se acabó el «debería, podría, haría». Si crees que estás yendo directa hacia el agotamiento no tengas piedad en rechazar tareas. Intenta lo siguiente: di no a todo lo que no te ofrezca a cambio algo importante. Así que no más «debería»; solo «debo» y «quiero» (y a veces el «quiero» necesitaría un pequeño recorte). Eso abarca también el coro al que te has apuntado, la liga de deportes de la oficina a la que te sumaste bajo presión o el turno extra que le has dicho a tu compi que harías por ella porque se va fuera. ¡No! Cuando ya no estés al borde del colapso podrás volver a hacer alguna de esas cosas; por ahora, sin embargo, los «debería» no tienen cabida en tu agenda.

¡ÉCHATE UNA SIESTA, MUJER!

En su libro *La vida plena*, Arianna Huffington describe un estudio de Harvard que puso de relieve que la falta de sueño fue un «factor decisivo» en el naufragio del *Exxon Valdez*, la explosión de la lanzadera espacial *Challenger* y los accidentes nucleares de Chernóbil y Three Mile Island. Dormir lo suficiente es importante en especial para las mujeres: al menos un estudio ha puesto al descubierto que las mujeres sufren más que los hombres —tanto física como mentalmente— cuando no duermen de manera adecuada y que, por lo general, también necesitan dormir más que los hombres (bueno, nosotras tenemos que trabajar el doble de duro, ¿no?).[47] Así que intenta poner en práctica este consejillo aprobado por el CLF: ¡no escatimes en sueño! Cuando tengas dudas, te parece que estás siendo vaga, te sientes culpable o consideras que tienes mucho que hacer, recuerda: Winston Churchill, John F. Kennedy y Leonardo da Vinci figuran entre los mayores dormilones de la historia. Convierte eso en algo femenino.

Tercera parte

TRAMPAS EXPLOSIVAS

ESTEREOTIPOS DE LA OFICINA

y cómo ACABAR

con ELLOS

Vale, sonaba la mar de glamuroso: Smita acababa de regresar de pasar un mes recorriendo Europa por carretera, rodando en trece ciudades un capítulo piloto para una serie de televisión que había escrito. Pero ni se le pasó por la cabeza darse una vuelta en Vespa por el Mediterráneo o tomarse un agua con gas mientras contemplaba un atardecer en París. Después de pasarse meses planeando, haciendo el casting y reescribiendo el guion, consiguió una pequeña cantidad de dinero de una productora de Nueva York para rodar el piloto, dejó su trabajo y solicitó ayuda económica para poder filmarlo... y luego acabó trabajando catorce horas al día en el otro lado del mundo, apretujada en habitaciones de hoteles baratos con su equipo para estirar el presupuesto y visitando siete países en cuatro semanas. Incluso si las circunstancias hubieran sido mejores, habría sido un horario de lo más agotador.

Y aquellas, desde luego, no eran las mejores circunstancias. A pesar de ser una productora con experiencia —había trabajado en una media docena de sets de televisión, al frente de grupos nutridos de profesionales y ayudando a directores consagrados—, era la primera vez que Smita dirigía ella sola. Se le asignó un equipo de ocho hombres: dos con problemas de alcohol, tres enganchados a las anfetaminas, y todos especialmente difíciles de gobernar (y no solo porque pareciesen ser incapaces de llegar a la hora acordada ni una sola vez).

No fue el viaje de su vida, que digamos. Smita estaba al borde un ataque de nervios.

Así que intentó todas las tácticas que se le ocurrieron para poner firme al equipo. Les pedía su opinión sobre el guion con el propósito de que se involucraran en él, e intentó poner en práctica sus sugerencias cumplidamente, aun cuando sabía que no funcionarían. Se esforzó en ser servicial, preguntándoles cómo facilitarles el trabajo, llevándoles café por la mañana para conseguir sacarlos de la cama...

«Me di cuenta de que aquello no estaba funcionando —me contó divertida poco después—, porque seguían dándome sus cuadernos y sus chaquetas para que se las sujetara, y pidiéndome que les llevara cosas de la furgoneta.»

Smita se lo tomó con mucha calma y volvió a intentarlo. Cuando optaron por hacerlo a su manera (la de ellos), en su set (el de ella), al principio trató de mostrarse entusiasta: «¡Fantástico! —decía con alegría—, pero ¡probemos primero de esta manera!». La ignoraron. Su siguiente paso fue darles lástima apelando al sentimiento de culpa que supuso que tendrían: «Eh, chicos... Por favor, ¿podéis procurar llegar pronto al set mañana?». Pero eso la hizo sentirse una gruñona.

Al final se dejó de historias y tiró de jerarquía. Les exigió que fuesen puntuales. Sustituyó el «¿qué tal si lo hacemos así?» por un «no tengo tiempo para eso. Cíñete al guion».

Funcionó... más o menos. Obedecieron, aunque con desdén. Cuando se acababa el día de rodaje se largaban al bar para escapar de ella. Todos estaban de mala leche.

Smita por fin tenía el programa que quería, pero los tíos de su equipo casi ni le hablaban (ni tampoco mucho entre ellos).

Entonces un día, en el último país en el que rodaban, Alemania, en su última semana de trabajo, un operador de cámara germano llegó al set con un maletín lleno de palitos de carne seca (al parecer, una especialidad gastronómica de la zona). Los dejó en el suelo, y Smita se volvió hacia su protagonista: «¡Puedes coger uno si dices tus líneas como te he pedido!», bromeó al tiempo que movía frente a su cara un gran trozo de carne.

Para su sorpresa, lo hizo. Y de repente el resto de los tíos del set querían saber si ellos podían tomar también palitos de carne.

Era como si Smita hubiese descubierto un código secreto.

«Tratar de ser como uno de aquellos hombres no funcionó. Hablar con ellos sobre tías no funcionó. Comportarme como si fuese su madre no funcionó. Nada funcionaba —recordaba Smita, sentada en mi salón durante una sesión de tarde de quejas—. Intenté parecer más guapa, intenté parecer menos guapa. Un día hice como si no fuese vegetariana porque pensé que esa era la razón por la que no se relacionaban conmigo. Pero finalmente fueron los palitos de carne lo que sí funcionó.»

La conclusión simple que cabría sacar del caso de Smita es que, por supuesto, a los tíos puede adiestrárselos como a golden retrievers, consiguiendo que hagan lo que deseas mediante la promesa de una recompensa. Y puede que sea cierto... hasta cierto punto (a no ser, claro, que los hombres de tu oficina sean veganos).

Pero lo que de verdad importa aquí no es la carne. La cuestión destacable es que ostentar un puesto de mando de cualquier tipo es difícil, pero ser jefe, si eres una mujer, es como una carrera de obstáculos: un laberinto de estereotipos, minas terrestres y trampas explosivas que te sorprenden en cada recodo. «Ah, ¿que te ha encargado una cosa dos veces? Menuda plasta. ¿Te ha pedido algo? Será diva la tía... ¿Ha levantado la voz? Qué histérica se pone».

Y luego está el reto de dar con un estilo de liderazgo que funcione: no ha de ser demasiado autoritario, o te considerarán poco femenina; pero tampoco has de mostrarte demasiado femenina porque te verán como una persona emocional, blandengue, incapaz de llamar la atención con firmeza, o la niñera que ha de aguantarles los abrigos.

Y suma y sigue...

Si las mujeres hubiesen sabido hablar sin alterarse y llevar un gran palo de carne, quizá ya habrían ganado la revolución. Pero entretanto, o hasta que esos palitos de carne alemanes lleguen al resto del mundo, lo mejor que podemos hacer es abrir al máximo los ojos para avistar las trampas, los estereotipos y los prejuicios ocultos con los que, por estadística, a buen seguro nos encontraremos. Eso... y tener un palito de carne bajo la manga.

La trampa:
«LAS JEFAS SON PEORES»

Puede que creas que ella encaja en el estereotipo de jefa fría como el hielo, pero probablemente tú eres su compañera, o su subalterna, y te muestras más crítica (y exigente) con ella porque es mujer:* se espera que actúe a la vez como una jefa, una madre y una buena amiga, dirigiendo el cotarro con autoridad y gracia al mismo tiempo, y que sea cercana, educada y que te ayude (y teniendo buen aspecto, encima).

No es falso que algunas jefas pueden ser más duras con las mujeres precisamente porque lo son, pero lo que sí es cierto, una realidad constatada estadísticamente, es que también sus subalternos son mucho más duros con ellas porque son mujeres.[1]

---

* Así es. Las investigaciones confirman que las empleadas piden a sus jefas un nivel distinto[2] del que piden a sus jefes varones.

OFENSIVA

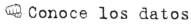 Conoce los datos

Pues sí, puede que un 33 por ciento más de los estadounidenses (sin importar el género o el nivel educativo) crean que prefieren tener jefes varones, según una media de estudios recientes (¡uuuf!). Pero si ahondamos un poco más en los datos, aflora una salvedad reveladora: la mayoría de quienes afirman preferir un jefe varón nunca han tenido una jefa. Aquellos que sí habían trabajado para una preferían de hecho tener que informar a mujeres. Así que echa un cable a tu compañera y concédele el beneficio de la duda... y recuerda a tus colegas que hagan lo mismo.

DEMASIADO AMBICIOSA

HILLARY CLINTON
CANDIDATA A LA PRESIDENCIA
DE ESTADOS UNIDOS

UNA PÉCORA EN LA MAGISTRATURA

DIFÍCIL

CONTUNDENTE

SONIA SOTOMAYOR
JUEZA DEL TRIBUNAL SUPREMO
DE ESTADOS UNIDOS

ZORRA ENGREÍDA

CONDOLEEZZA RICE
EXSECRETARIA DE ESTADO
DE EE. UU.

TERCA Y MANDONA

RUTH BADER GINSBURG
JUEZA DEL TRIBUNAL SUPREMO
DE ESTADOS UNIDOS

La trampa:
«MALICIOSA, MANDONA Y DEMASIADO AMBICIOSA»

A principios de 2016 si introducías en Google las palabras «Bernie Sanders» y «ambición» te aparecían un montón de artículos sobre sus «ambiciosos planes», artículos de opinión sobre sus «ambiciosas metas para el plan de salud nacional», y una buena muestra de *posts* en los que se elogiaba su determinación profesional. Pero si hacías la misma búsqueda en internet sobre Hillary Clinton te salía justo lo contrario. Entre más de un millón de resultados, los primeros se centraban en su ambición personal de toda la vida, que se tildaba de «desmedida», «sin piedad» y hasta «patológica». Resumiendo: se la consideraba «desagradable».

Contempla el círculo vicioso en el que están envueltas las mujeres y el poder. Para lograr el éxito, una mujer tiene que conseguir gustar, pero para eso no debe tener demasiado éxito: su simpatía se ve mermada por su estatus profesional.[3] Puede que todos sepamos, o cuando menos nos gusta decir que lo sabemos, que las mujeres son perfectamente capaces de ser líderes. Aunque en un nivel profundo e inconsciente todavía nos cuesta digerir que una mujer sea ambiciosa.[4] Este razonamiento tiene sentido: desde hace siglos en nuestra cultura ha arraigado la idea de que los hombres son los que lideran y las mujeres las que educan. Así que cuando una mujer se rebela contra eso y muestra rasgos «masculinos» —ambición, asertividad y, en ocasiones, hasta agresividad—, de alguna manera le recriminamos que sea demasiado masculina, no lo suficientemente dama, y por eso nos gusta menos.

OFENSIVA

👊 Comprueba tu nivel de sexismo

Todas nosotras —en serio, todas— somos un poco sexistas (y también racistas). Es lo que los estudiosos llaman el «prejuicio inconsciente», y todas lo tenemos. Es fruto de los atajos cognitivos que hacen nuestros cerebros. La buena noticia es que si reconocemos a la sexista que hay en nosotras podremos controlarla. Así que la próxima vez que una mujer ambiciosa te cause mala impresión pregúntate: «¿Me desagradaría igual si se tratara de un hombre?».

👊 Yudo de género

Tal como han demostrado las investigaciones que ha llevado a cabo la catedrática de Harvard Amy Cuddy, la «calidez» en el trato ayuda a contrarrestar la trampa de ser «demasiado ambiciosas», pues contrarresta la creencia generalizada de que las mujeres ambiciosas son unas zorras frías y ávidas de poder. No deberíamos tener que hacerlo, pero es lo que la catedrática de derecho Joan C. Williams ha llamado el «yudo de género», que consiste en combinar comportamientos comunes como la cordialidad, el humor, la empatía o la amabilidad (el azúcar) con la agresividad o las ambiciones. Se han llevado a cabo estudios que evidencian que funciona. Si piensas en ello, la mayoría de los mejores líderes mundiales dominan ese arte: puede que sean duros, pero también son famosos por su sentido del humor y su amabilidad.

👊 Haz que el poder femenino sea habitual

La economista Sylvia Ann Hewlett me dijo en cierta ocasión que las mujeres no son el problema; lo es que todavía definimos el liderazgo en términos masculinos.[5] De modo que usa esa dulzura, esa ambición, o ambas, para subirte al carro del poder de una puñetera vez. Convierte la ambición en un rasgo femenino. Rompe ese techo de cristal y no pidas perdón por ello. Y cuando seas una de las primeras en llegar a la cima recuerda tus obligaciones del CLF: llévate a otras mujeres contigo.

La trampa:
«ES DEMASIADO MAJA PARA LIDERAR EL EQUIPO»

Ebonee era la becaria perfecta para cualquier campaña política. Era lista: había obtenido su licenciatura universitaria en solo tres años y había sido la primera de su clase. Estaba comprometida: se ofrecía voluntaria para quedarse hasta la hora que fuese y ayudaba a los demás a terminar su trabajo. Era aplicada: llamaba por su nombre a todos los votantes que se acercaban a la oficina. Sin embargo, cuando la campaña se propuso contratar a alguien de entre los becarios para un puesto fijo Ebonee no fue la elegida. El director de campaña alegó que era «tan maja que no se la puede tomar en serio».

Ser maja no debería influir negativamente en la percepción que se tiene de las capacidades de una persona, pero en lo que respecta a las mujeres se tiende a considerar que ambas cosas están inversamente relacionadas: el exceso de una lleva a creer que no tienes bastante de la otra.[6] De manera que si una mujer es maja, o simplemente se la describe como tal, pensamos que es tonta, despistada o una blandengue, cuando, de hecho, carecemos de información sobre sus habilidades.[7]

OFENSIVA

Tan dulce como el arsénico

Utiliza la amabilidad en tu favor dominando el arte de ser amable y dura a la vez. Envuelve tus exigencias en un manto de dulzura, pero sé exigente. Conviértete en una experta en dar órdenes o pedir lo que necesitas empleando un tono la mar de agradable. No te conviertas en el hombro al que todos en el trabajo van a llorar ni seas tampoco la Mamá de la Oficina (véase p. 53). Pero ten presente que se puede ser maja y que, al mismo tiempo, te tomen en serio.

Mide tus palabras

Elimina la palabra «maja» de tu vocabulario, y también todos los calificativos maternales que se usan para describir a las mujeres («amable», «servicial», «colaboradora»...). No solo es más probable que a las mujeres se las describa en esos términos, sino que algunos estudios han demostrado que el uso de esas palabras hace que se las considere menos cualificadas, como unas blandengues,[8] y no como personas capaces de liderar un equipo. Por lo tanto, la próxima vez que sientas el impulso de aplicar a una de tus compañeras adjetivos como «comprensiva» o similares, mejor utiliza expresiones «masculinas» y afirma que es «independiente, segura de sí misma, inteligente y justa».

REPITE CONMIGO:

Solo porque sea **MAJA**

no tienes por qué pensar que soy una

BLANDENGUE

(AHORA ESCRIBE ESTO Y CUÉLGALO
EN EL CORCHO DE TU CUBÍCULO)

La trampa:
«NO PARECES INGENIERA»

Isis Anchalee Wenger, una ingeniera de software de veintidós años, no tardó mucho en ser objeto de las iras de internet. En 2015 a esta mujer de San Francisco le pidieron si podía ser la imagen de un anuncio de contratación de su empresa. «Mi equipo es genial; todos son geniales, listos y divertidos», se leía en el anuncio, junto a su foto, que aparecía en todos los autobuses de la ciudad. Solo hubo un problema: los usuarios de esos autobuses —o al menos aquellos que se encargaron de que el rostro de Isis se hiciera viral— pensaban que Wenger era demasiado guapa para ser una ingeniera «de verdad». O quizá era demasiado femenina. Porque, por mucho que se hayan usado litros y litros de tinta para explicar que las personas atractivas, sean del género que sean, ganan más dinero que aquellas cuyo aspecto es normalito, las mujeres no pueden cambiar el hecho de que ellas probablemente parecen... mujeres. Mientras los hombres dominen determinadas industrias, lo «femenino» no se normalizará.

OFENSIVA

Acorrala a los *haters**

Justin Trudeau es «guapísimo» y, por eso, ¿alguien cree que es peor político? Algunos dirán que Mark Zuckerberg no es guapo... y «vale» treinta y cinco mil millones de dólares. ¿Acaso hombres como ellos se ven obligados a justificar su valía según su aspecto físico? Wenger inició un *hashtag*: #ILookLikeAnEngineer («parezco ingeniera»), y cientos de ingenieras subieron fotos de sí mismas con ese *hashtag* en las que sujetaban carteles donde se leía: «Este es el aspecto de una ingeniera». ¿Y sabes qué? Todas eran distintas. Si alguien considera que no tienes el aspecto de una [rellena este espacio], ignóralo... y sigue hablando. Al final, tendrá que oírte sin juzgar tu aspecto.

_____

* La expresión «*Twirl on Them Haters*» que aparece en este capítulo del libro en la edición original en inglés está inspirada en un verso de la canción *Formation* de Beyoncé, y significa, literalmente, «dar vueltas alrededor de los que te odian», pero al mismo tiempo se conoce como «*haters*» a los que son responsables de difamar, despreciar o iniciar campañas de desprestigio en las redes sociales contra alguien. *(N. de la T.)*

DE NUEVE A OCHO:
UNA HISTORIA DE LA ROPA DE OFICINA FEMENINA

Lápices de colores no incluidos.

Sujetador

En los años setenta la firma de ropa interior Bali lanzó el «sujetador de copa blanda», cuyo eslogan era este: «Cómo llevar sujetador sin que parezca que lo llevas». Fue, en palabras de un ejecutivo del ramo, una especie de «conciencia de senos».

Traje masculino

Las hombreras y los lazos a modo de corbata se convirtieron en símbolos icónicos de la androginia de los trajes de caja de los años ochenta, diseñados para disimular las formas de la mujer a fin de que no supusiesen un freno en su ascenso laboral.

Bombachos

Llamados «bloomers» en inglés en honor a Amelia Bloomer, exmaestra y sufragista, los bombachos permitieron a las mujeres moverse con libertad, liberándolas de las pesadas faldas y las enaguas almidonadas.

Culotes

Parecen faldas, son amplios como las faldas, pero en realidad son... ¡pantalones! Los culotes surgieron a principios del siglo xx como resultado del *boom* de la bicicleta. (¡Intenta montarte en una bici con una falda acampanada que pesa nueve kilos!)

Pantalones

A las secretarias de la Casa Blanca no se les permitió llevar pantalones hasta 1973, cuando la crisis energética obligó a bajar los termostatos y a «enfriar» las condiciones de trabajo.[9]

Minifalda

La diseñadora Mary Quant fue la ideóloga de la minifalda, destacando que el estilo de los sesenta debía ser «arrogante, agresivo y sexy».

Maxifalda

La falda a la altura de la pantorrilla fue la favorita de las mujeres de los barrios periféricos de las ciudades de los años cincuenta, quienes las adoraban para ir a cenar al aire libre. Pero cuando resurgió como prenda de trabajo en en la década siguiente se armó un buen jaleo, pues los hombres se quejaban de que les arruinaba la oportunidad de verles las piernas a las chicas que solían llevar minifalda; así, un ejecutivo de una empresa de cosméticos amenazó con despedir a una empleada que llevaba falda larga, y un político sureño anunció que echaría del capitolio del estado a cualquier mujer que llevase maxifalda.

Tacones altos

Al principio los utilizaban los hombres (los miembros de la aristocracia europea, por ejemplo, como señal de prestigio). Las mujeres empezaron a llevar tacones a principios del siglo xvii, para incrementar su apariencia de poder (¡qué chicas más listas!).

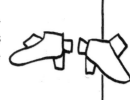

La trampa:
«¡MENUDO INCORDIO!»

Uno de los máximos logros políticos del llamado «movimiento de liberación de la mujer» fue la aprobación de la Decimonovena Enmienda en 1920, que les garantizaba el derecho a votar. Y, a pesar de eso, en aquel momento la presidenta de un grupo que se oponía al sufragio universal señaló que permitir que las mujeres votaran sería «el aval oficial para que el hábito de incordiar se convierta en política nacional».[10] Cuesta creer que, un siglo después, siga vigente el estereotipo de la mujer gruñona, y no solo en el ámbito doméstico. ¿Que un hombre pide algo dos veces en el trabajo? Vaya, será porque de verdad lo necesita. Pero si una mujer hace exactamente lo mismo se le echa en cara que es un incordio.

OFENSIVA

👊 Encuentra a otra bruja gruñona

Recluta a una amiga para que colabore en dar la lata. Conseguir que ellas lleven a cabo el seguimiento de las cosas menos relevantes —y que las comprobaciones se efectúen desde ángulos distintos— hace que tú no acabes siendo la única «gruñona».

👊 Gruñona multimedia

Da la vuelta al modo en que pides las cosas. Ya has mandado dos correos electrónicos a alguien y no te ha hecho ni caso. Bien, pues coge el teléfono y llama a esa persona. Si no contesta, plántate delante de su mesa. Es difícil ignorar a alguien cuando lo tienes a dos palmos de tu cara.

👊 Broncas diarias

Ten presente que no pueden despedirte por llamar la atención a nadie (sobre todo si tu trabajo consiste en dar un toque a la gente). Si hay un montón de cosas pendientes y la persona que debería hacerlas pasa, empieza a fijar fechas límite, dile que habrá consecuencias si no cumple con ellas y pídele que se ponga manos a la obra. Si no estás en un puesto en el que puedas exigir nada, y tienes reparos a la hora de hacerlo, usa el mantra del que nos ocuparemos en la sexta parte: ¿QHJ?: ¿Qué Haría Josh?

La trampa:
¡«ESTÁ LOCA!»

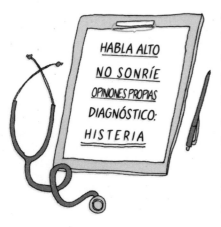

HABLA ALTO

NO SONRÍE

OPINIONES PROPIAS

DIAGNÓSTICO:

HISTERIA

Antiguamente la «histeria» era un diagnóstico médico habitual para las mujeres que tenían «problemas»: se recurría a ella para explicar cualquier cosa, desde la ansiedad hasta el insomnio o la falta de deseo sexual.* Aun así, el sambenito de la mujer «loca», «emocional», «lunática» e «histérica» sigue entre nosotras: es la crítica habitual para esa exnovia que ha dejado de llamarte, la mujer que se atreve a ser exigente en el trabajo o cualquiera en Hollywood que, como dijo Tina Fey, continúe hablando, incluso después de que nadie quiera seguir tirándosela». No hay una prueba concluyente que apoye por qué las mujeres sí son de hecho más emocionales en el trabajo. Pero hay investigaciones que apoyan que las emociones femeninas se perciben de manera distinta a las de los hombres.

---

* En algunos casos, esto lo solucionaban los médicos estimulando manualmente a las mujeres con vibradores bastante rústicos. ¡Ah, la «ciencia»!

OFENSIVA

Di: «¿Qué?»

Te diría que respiraras hondo e intentaras calmarte, pero sucede que eso ocurre cuando las mujeres están absolutamente tranquilas. Así que la próxima vez que un compañero deje caer que una mujer está «loca», hazte la tonta. Di: «No estoy segura de haberte entendido. ¿Me lo explicas?». Y así le pasas el muerto a él, para que se devane los sesos intentando explicártelo.

Diagnóstico: Pasión

Según se desprende de algunas investigaciones, cuando una mujer expresa emociones en el curro la gente asume que es porque está «hormonando», mientras que si lo hacen los hombres se los tilda de «apasionados»[11] por su trabajo. Si eres una mujer emocional —no emocional en el sentido «tengo la regla-lloro en la oficina», sino que expresas sentimientos sinceros sobre algo relacionado con el trabajo—, averigua cuál es la causa de esa emoción (literalmente: «Estoy expresando mis emociones porque te has cargado este proyecto»). El origen de la emoción será el trabajo, no tú.

La trampa:
«¿POR QUÉ ESTÁS TAN CABREADA?»

El estereotipo de la Mujer Negra Cabreada suele ir ligado a los adjetivos «hostil, chillona y excesivamente autosuficiente». Se da en la cultura popular, en nuestras oficinas e incluso en la vida pública. Viene a colación recordar aquí a aquel grupo de mujeres afroamericanas a las que echaron del Tren del Vino del valle de Napa en agosto de 2015 por ser demasiado «chillonas».[12] O citar aquel artículo de 2014 del *New York Times* sobre Shonda Rhimes en el que la autora se preguntaba si la autobiografía de esta gran profesional de la televisión, alabada por crear grandes papeles para mujeres de color, no debería llamarse *Cómo defender el hecho de ser una Mujer Negra Cabreada.**[13]

La amenaza de este estereotipo es múltiple: si ya se las ve como «cabreadas —y los estudios revelan que lo están—,** es posible que las mujeres negras también sean víctimas de la trampa del «son demasiado agresivas», y se las castigue por el mismo comportamiento que en los hombres es motivo de alabanza. También fomenta la sensación de verte impelida a modificar tu comportamiento constantemente. Como explicó la escritora Huda Hassan en un artículo para *BuzzFeed*: «Como mujer negra, en público soy superconsciente de cada cosa que hago, de mi tono de voz y de mis palabras, por miedo a que parezca que estoy enfadada».[14]

---

* *Cómo defender a un asesino* es el nombre en España de la serie de gran éxito producida por Shonda Rhimes. *(N. de la T.)*

** En un estudio, dirigido por la psicóloga Roxanne Donovan, se pidió a estudiantes universitarias blancas que describieran a la típica mujer negra y a la típica mujer blanca, usando una lista con varios adjetivos. Me limitaré a decir que «chillona», «parlanchina» y «dura» se usó solo con un grupo.[15]

OFENSIVA

Conserva las pruebas

En el caso de Rhimes, muchos pidieron al *New York Times* que se retirara el artículo, pero ella prefirió que se mantuviera... como una especie de documento histórico. «En este mundo en el que creemos que ya hemos conseguido la igualdad de género y que somos una sociedad igualitaria en el ámbito racial [...] es un recordatorio excelente de que no es así ver los despreocupados prejuicios raciales y la extraña misoginia por parte de una mujer escritos en un periódico que todos pensamos que es de izquierdas», dijo.

Ten a mano una buena respuesta

Llámalo la táctica Amandla Stenberg: cuando a esta actriz adolescente la tildaron de «demasiado cabreada» en Twitter, ella respondió: «Tengo opiniones contundentes. No estoy enfadada». Lo que usó, quizá sin saberlo, fue la táctica que aconseja la catedrática de derecho Joan C. Williams en su libro *What Works for Women at Work*, para quien responder al estereotipo de la mujer enfadada fuera de sí puede funcionar a la hora de redefinir la emoción como otro sentimiento que no sea enfado (o justificarlo con causa). Stenberg lo redefinió dando una opinión; en un entorno de trabajo, Williams aconsejaba conectar cualquier emoción con la meta compartida de negocio. Así que si él dice: «No sé por qué estás tan cabreada», respóndele: «No estoy cabreada. Estoy preocupada por cómo estamos progresando».

No te enfades; sé equitativa

Lo que significa tener un número equitativo de mujeres de color en tu oficina en proporción con la población. Tanto si eso implica hacer llegar currículos como esforzarse por ofrecer apoyo a jóvenes negras, esa tarea no debería llevarse a cabo solo para los grupos minoritarios de tu lugar de trabajo. Cuanta más diversidad haya en tu oficina, mejor será. Y, de repente, estar «cabreada» acabará viéndose como lo que realmente es: no estar «cabreada» en absoluto.

La trampa:
«¿POR QUÉ NO SONRÍES?»

Llamemos a esto «La breve historia de los caballeros pidiendo a las damas que sonrían abiertamente»: Hillary Clinton después de una victoria en las primarias significativa («Sonríe —tuiteó el presentador del canal de noticias por cable MSNBC Joe Scarborough—, que acabas de tener una gran noche»); Serena Williams, después de un partido durísimo en el Open de tenis de Estados Unidos (Reportero: «Acabas de obtener una victoria. Normalmente sonríes cuando ganas... ¿Qué te pasa hoy?»); y probablemente, en un momento u otro, tú. ¡Atención, noticia!: a las mujeres no se les pide en realidad que sonrían cada minuto del día (tampoco estamos siempre felices); sin embargo, hay una sensación constante de que, si no sonreímos, algo horrible está pasando. (¿Está enfadada? ¿Triste? ¿O simplemente padece el síndrome de *Resting Bitch Face*?*)

OFENSIVA

Usa la táctica de la serie de televisión *Broad City*

ÉL: ¡Sonríe!

TÚ: Coloca el dedo corazón en cada comisura de la boca. Y empuja hacia arriba.

---

* El síndrome *Resting Bitch Face*, o lo que es lo mismo, «cara de zorra en reposo», que ha empezado a popularizarse en inglés, es una expresión común que se usa para definir los rostros de muchas mujeres famosas que jamás sonríen y tienen un rictus neutro (desde Kristen Stewart hasta la reina de Inglaterra), y que ha llegado a ser objeto de un estudio científico. *(N. de la T.)*

SE BUSCA

MUJER QUE NO SONRÍE

MUJER QUE NO SONRÍE
EDAD: 28
ALTURA: 1,70
COLOR DE OJOS: MARRÓN
EXPRESIÓN: DE MALA LECHE

VISTA POR ÚLTIMA VEZ: MIRANDO
FIJAMENTE A UN COMPAÑERO DEL TRABAJO
CRIMEN: TENER CARA DE VINAGRE

SI TIENE CUALQUIER INFORMACIÓN QUE
CONDUZCA A LA LOCALIZACIÓN DE LA
SOSPECHOSA, POR FAVOR, PÓNGASE EN
CONTACTO CON RECURSOS HUMANOS
INMEDIATAMENTE

La trampa:
«NINGUNA CANDIDATA ESTÁ CUALIFICADA»

Ya lo he dicho anteriormente: ser mujer en el mundo laboral significa tener que trabajar el doble de duro y ser el doble de buena, tan solo para que se te equipare con un hombre de tu mismo nivel. Pero ser una mujer de color es tener que aguantar una amenaza doble: la carga tanto del género como de la raza, donde tiene en contra las posibilidades multiplicadas por tres, por cuatro y hasta por cinco. Los estudios demuestran que las mujeres negras, hispanas y asiáticas son más ambiciosas que sus homólogas blancas, y aun así están constantemente denunciando que se sienten apartadas.[16] Y ¿cómo no iban a sentirse así? Las barreras empiezan antes incluso de que lleguen a la puerta del trabajo, pues a las aspirantes con un nombre que «suene a negro» se les exige tener ocho años más de experiencia para poder obtener el mismo número de llamadas de interés que una persona de currículum idéntico pero con un nombre que «suene a blanco».[17]

OFENSIVA

👊 Busca mejor

Mensaje para los jefes: no os limitéis a sentaros a hablar sobre la diversidad, y contratadla. O, mejor aún, cread un proceso de selección ciego. Eso fue lo que hizo la cómica Samantha Bee para su *late night*, y el resultado fue que en su equipo inicial la mitad eran mujeres y el 30 por ciento no eran blancas (y el programa era excelente). El director de cine J. J. Abrams, famoso, entre otras películas, por *Armageddon* y el episodio VII de *La guerra de las galaxias*, tiene una política de contratación en su productora que hace que cualquier lista de guionistas, directores, actores o productores sea representativa de los grupos raciales y de género de Estados Unidos, lo que significa aproximadamente la contratación del 50 por ciento de mujeres, el 12 por ciento de negros, el 18 por ciento de hispanos y el 6 por ciento de asiáticos. Así que la excusa de «ninguna candidata está cualificada» ya no vale.

La trampa:
«HAY UNA ÚNICA MUJER EN LA SALA»

La gente me pregunta a veces: «Cuándo... cuándo crees que estará bien? ¿Cuándo crees que habrá suficientes mujeres en el tribunal?». Y mi respuesta es: «Cuando haya nueve».*

RUTH BADER GINSBURG, jueza del Tribunal Supremo de Estados Unidos

Nancy-Ann DeParle y Alyssa Mastromonaco, exsubdirectoras de personal de la residencia del presidente de Estados Unidos, lo llamaron el «síndrome de Pitufina»: cuando trabajaban en la Casa Blanca en la época de Obama bromeaban sobre el hecho de que eran las «pitufinas» de la administración, pues Pitufina es el único personaje femenino de esos dibujos animados, creada por error, además, en un poblado lleno de pitufos.[18] Pero la realidad de ser las dos únicas pitufas, incluso aunque en tu caso no seas literalmente la única, es significativa, porque las investigaciones demuestran que se

* La Circuit Judges Act (Ley del Jueces de Circuito) de 1869 estableció que el número de jueces del Tribunal Supremo de Estados Unidos fuese nueve: un presidente y ocho asociados. *(N. de la T.)*

necesita un determinado número de mujeres para que tengan algún impacto en una habitación con mayoría masculina. ¿Sin ese número? Las mujeres hablan menos, tienen menor influencia y la gente tiende a pensar que, dado que hablan como una mujer, están hablando en nombre de todas las mujeres.[19] Menuda presión, ¿verdad?

OFENSIVA

Apoya a la banda de chicas de la zona

Eso quiere decir a la de tu oficina. Mira a tu alrededor en la sala. ¿Cuántas mujeres hay? La meta es llegar por lo menos a un tercio. En ese punto se alcanza la «masa crítica», tal como han establecido algunos estudios psicológicos, donde es más probable que se oiga el punto de vista de una mujer y que sus opiniones no tengan tantas posibilidades de ser apreciadas como «en nombre de todo su género» (o su género y su raza) en vez de las suyas propias. En Estados Unidos, por ejemplo, los hombres blancos solo conforman el 31 por ciento de la población; no existe, por tanto, ningún supuesto por el que deberían ser la mayoría de la sala. Así que, tanto si es diciéndoselo a tus jefes, moviendo el currículum de otra mujer o colgando anónimamente una lista de razones por las que una oficina equilibrada de manera igualitaria es, de hecho, «mejor» (véase p. xxviii), procura enviar un mensaje a tu empresa para hacerles saber que tienen que ponerse las pilas con eso.

La trampa:
«¿CÓMO ENCUENTRO UN MENTOR?»

No tienes que buscar un mentor que se parezca a ti. Si yo hubiese tenido que esperar a que apareciese una especialista negra en el espacio soviético para que fuese mi mentora, seguiría esperando.

CONDOLEEZZA RICE

Tener a alguien que te aconseje en tu carrera es importante para cualquiera, pero para nosotras es a menudo crucial, ya que estamos en desventaja. Aun así, hay carencia de dichos asesores para las mujeres, y no solo porque dos tercios de los ejecutivos varones sean reticentes a tener reuniones a solas con mujeres jóvenes,[20] ya que puede entenderse de la manera equivocada. Las mujeres tienden a querer que sean otras mujeres sus mentoras, lo que está fenomenal... Solo que muchas de nosotras seguimos trabajando en sitios donde la mayoría de los altos cargos los ocupan hombres.

OFENSIVA

✊ JPD (Junta Personal de Directores)

Es posible que en este momento la palabra «mentor» sea la favorita del mundo empresarial, pero la gente no entra en el mundo laboral con mentores; esas relaciones se desarrollan con el tiempo. Así las cosas, ¿qué puedes hacer si estás empezando? Te doy una idea: crea un grupo de mentores. Una amiga mía tiene uno al que llama su JPD, esto es, su Junta Personal de Directores, que intervienen en las decisiones y los problemas de cada miembro que constituye el grupo.

MUJER BUSCA JPD PARA MENTORÍA Y CONSEJOS OCASIONALES

okcupid

♡ Coincidencias [1]

💬 Mensajes [0]

👥 Visitas [3]

⭐ Coincidencia instantánea [1]

📅 Eventos

Jessica
34, Brooklyn, Nueva York
Periodista

Busca:
Mujeres y hombres
Edad comprendida entre 18 y 100 años
Área de búsqueda 3.000 km a la redonda
Para consejos profesionales ocasionales

OPORTUNISTA IGUALITARIA
Busca diversidad de raza, orientación sexual y género. Ninguna preferencia de edad.

NO BUSCA AMIGOS
Debe ser capaz de evitar consejos cutres, dentro de una amplia gama de temas profesionales.

CERO EXCLUSIVIDAD
No serás el único en mi JPD, tenlo presente.

TIPO DE RELACIÓN
No te pediré que me compres un anillo de compromiso, pero ten en cuenta que iré a solicitar tus consejos con cierta regularidad.

NADA DE DESAPARECER
Estar en contacto es importante.

RECIPROCIDAD DE LA RELACIÓN
Me gustaría devolverte el favor estando ahí para ti cada vez que lo necesites. Lo que diferencia un JPD de un mentor es que a menudo tú también recibirás consejos de los otros

NADA DE FOTOS DE TU PITO
Procuremos mantener las formas, ¿vale?

La trampa:
«QUÉ COTILLA ES»

De acuerdo, sí. Las mujeres se reúnen a veces junto a la máquina del café o se apretujan en la sala de descanso. Hay veces, efectivamente, en las que puede que estén hablando de algo más que no sea el trabajo. Eso no es malo: socializar es esencial para tu carrera. Sin embargo, es a las mujeres, y no a los hombres, a quienes se critica por «hablar demasiado» en el trabajo,* con la connotación explícita de que las mujeres tratan temas «menos serios» (o de que están a punto de enzarzarse en una pelea de chicas).[21] En un ambiente de oficina, hasta comportamientos tan normales como hablar por teléfono —o hacerlo cerca del dispensador de agua— tienen más posibilidades de ser considerados «cotilleos» si los protagonizan las mujeres.[22]

OFENSIVA

---

* Bastante irónico, dado que son los hombres los que más hablan.

La trampa:
«¿CONFIRMO EL ESTEREOTIPO?»

Te contratan en una empresa que suele alardear de su compromiso con la diversidad, aunque eres una de las pocas mujeres del equipo. Día tras día, estás en salas llenas de hombres blancos, pasas por delante de ellos en los pasillos y te piden si puedes ayudarlos con sus proyectos, y de repente empiezas a preguntarte si te miran raro, analizándote, porque eres la única «otra» en la sala. Un día uno cuestiona tu trabajo; otro pregunta, como quien no quiere la cosa «de dónde eres». La presión va aumentando y te cuestionas a ti misma. Estás enfadada, cabreada, pero también ansiosa, y te dices: «No la fastidies en nada o les darás motivos para afirmar que encajas en el estereotipo». Debes transformarte en un cristal a prueba de balas. Entonces cometes un pequeño error y todo empieza a ir cuesta abajo. Es como un síndrome de Estocolmo laboral, pero peor: una combinación del síndrome de la impostora (ese fenómeno en el que mujeres y minorías que han conseguido grandes logros se sienten como si no formaran parte de ellos);[23] una amenaza del estereotipo (el miedo a que tú confirmes los peores tópicos sobre ti misma... trabajando peor en consecuencia); así como un sexismo y racismo real al que te han arrojado (sí, porque a las mujeres y a las minorías se les exige con frecuencia que muestren mayores aptitudes, y sus errores se notan más y se recuerdan más tiempo).[24]

OFENSIVA

👊 Kárate verbal

Ármate con hechos. Los equipos con diversidad son más rentables, más productivos y ofrecen un nivel mayor de colaboración. No es una especulación, es ciencia: tu mera presencia ya fortalece mucho al equipo.

👊 Créete todo lo que vales

En especial si no estás recibiendo la reafirmación externa que mereces. Las reafirmaciones por escrito son muy adecuadas, pues se ha demostrado que potencian la confianza y mejoran el rendimiento. Poner por escrito tus éxitos es otro método, para que así puedas echarles un ojo cada vez que tengas el menor atisbo de duda acerca de ti. Es importante que te recuerdes lo mucho que te esfuerzas para, así, acallar de golpe ese autodiscurso negativo (o, como dice mi amiga Tanya Tarr, una *coach* profesional: «Esa voz negativa no te paga el alquiler, así que envía a paseo a esa gorrona»).

Rodéate de inspiración femenina

Ten una foto a mano (o cinco) de un modelo a imitar de mujer, sobre todo si tu perfil y el de ella son parecidos. No, no tienes por qué guardar, como en una película de miedo, una foto arrugada en tu cartera. Puedes simplemente hacer una captura de pantalla y guardarla en el móvil. Mírala antes de ir a una reunión importante o antes de afrontar cualquier ocasión que te produzca ansiedad. Este truco tan simple ayuda a las mujeres a hablar en público o a actuar con más confianza.[25]

Subestímalo tú a él

Usa cualquier forma de subestimación de tu talento a tu favor. Acomete impecablemente tu tarea, gana la negociación, anula a tu oponente rodeándote de círculos intelectuales mientras se toman un respiro. Deja que tu infravaloración se convierta en tu arma de destrucción masiva. Y luego haz girar tu silla y, muy educadamente, di: «Boom». (Mantén también por escrito un registro de todas las tareas que has hecho a la perfección, para que cuando tu jefe muestre dudas acerca de si mereces un ascenso puedas enviárselas en un email con el asunto: «Las zorras saben hacer las cosas bien».)

La trampa:
«ES DEMASIADO VIEJA»

«Como mujer tengo muchas dudas sobre hacerme mayor —bromeaba en el escenario la cómica Jena Friedman—. Por ejemplo, ¿cómo voy a ser capaz de parar taxis una vez que me haya vuelto... invisible?» La lógica de la Mujer Invisible funciona así: vivimos en un mundo en el que a las mujeres aún se las observa como objetos sexuales; un mundo en el que ser guapo reporta beneficios en el puesto de trabajo (tanto en el caso de las mujeres como en el de los hombres); un mundo en el que juventud y belleza van de la mano (¿por qué, si no, íbamos a gastarnos tanto dinero en bótox?). El prejuicio de la edad perjudica a los dos géneros, si bien más a las mujeres. (¿Sabías que el pelo gris en los hombres sigue considerándose un rasgo de distinción mientras que en las mujeres lo es simplemente de vejez?) Por eso los actores alcanzan la cima de su carrera profesional a los cuarenta y seis, en promedio, mientras que las actrices empiezan a declinar alrededor de los treinta;[26] por eso también los jefes de contratación dicen sin rodeos que un candidato «cualificado pero visiblemente mayor» les haría dudar (sobre todo si se trata una mujer).[27] Todo lo cual deja a las mujeres, como dijo una vez la profesora de derecho de Stanford Deborah Rhode, «no solo preocupadas de continuo por su aspecto, sino también preocupadas por preocuparse».

¿HACER COSAS DE MI EDAD?

¿QUÉ **PUÑETAS** ES ESO DE

«HACER COSAS DE MI EDAD»?

¿A MÍ QUÉ ME IMPORTA LO
MAYOR QUE SEA?

EL OCÉANO ES VIEJO DE NARICES

Y LE SOBRA BRÍO PARA ACABAR CONTIGO

OFENSIVA

🤜 Que todo te importe menos

Estos son los deberes de hoy, chicas: tenéis que ver el *sketch* de *Inside Amy Schumer* «El último día follable», en el que Tina Fey, Julia Louis-Dreyfus, Patricia Arquette y la propia Amy celebran un funeral por la vagina de Julia (ergo, su funcionalidad). Por supuesto, es una parodia... del modo en el que tratamos a las mujeres que tienen cierta edad. Pero, desgraciadamente para el resto, nosotras no conseguimos bebernos una tarrina entera derretida de helado, ni nos dejamos crecer el vello púbico ni nos vamos remando al atardecer. No hay una manera fácil de difundir la discriminación de edad basada en el género, y lo peor es que está muy arraigada. Sin embargo, la buena noticia es que con la edad una adquiere confianza: se libera, quizá, de tener que importarle un pimiento lo que otros puedan pensar. Y en lo que respecta a las demás, recuerda: nos inspiramos en las mujeres que nos precedieron.

La trampa:
«CAERSE POR EL PRECIPICIO DE CRISTAL»

Carly Fiorina se hizo cargo de Hewlett-Packard poco antes de que reventara la burbuja tecnológica. Anne Mulcahy tuvo la oportunidad de ser la primera CEO de Xerox, justo cuando la compañía estaba siendo investigada por la Comisión de Bolsa y Valores de Estados Unidos. ¿Y que tienen en común ambas líderes? Que son mujeres. Mujeres a las que se les había dado grandes responsabilidades justo antes de que todo se fuera al garete. Lo que significa que, cuando fallaron —poco menos que inevitablemente—, se las culpó a ellas y no a las circunstancias que las rodeaban.

Es un fenómeno psicológico que se conoce como el «precipicio de cristal», o la idea de que las mujeres y la gente de color tienen más probabilidades de que se las emplace en posiciones de liderazgo cuando la organización tiene problemas, para luego criticarlas o despedirlas (con más frecuencia y en un espacio de tiempo menor que a sus equivalentes masculinos blancos)[28] en vista de que no son capaces de resolverlos. Los estudios sobre el precipicio de cristal se enfocan solo en las ejecutivas, pero esa trampa podría aplicarse también a las empleadas más jóvenes. ¿Los tíos de ventas son incapaces de pedir algo para comer y todo el mundo se muere de hambre y está de mala leche? ¡Pues que venga una mujer y lo arregle! ¿El informe de marketing es un asco? ¡Traed a una mujer! No solo es que las mujeres seamos capaces de dar un giro a una situación problemática, sino que, además, somos muy buenas resolviendo los marrones de los demás (¿o no?). Y si no logramos hacer bien lo que se nos ha encargado, «obviamente» se nos echa la culpa a nosotras, no al contexto problemático.

OFENSIVA

👊 Lleva un paracaídas

Sé la conductora de ese autobús, no la persona a la que atropella. Asume la responsabilidad por los errores que se cometen bajo tu mando, pero no cargues con la responsabilidad por los que no te corresponden. Según algunas investigaciones, las mujeres tienen más probabilidades de caer, de todos modos; se nos juzga con mucha más dureza que a nuestros homólogos masculinos cuando las cosas van mal; se nos considera «buenas» asumiendo la culpa porque somos mujeres.[29] No te rindas. Negocia de antemano y con claridad todos los aspectos de cualquier trabajo o tarea que se te encomiende para saber exactamente qué se espera que consigas. Guarda pruebas detalladas (notas, correos, estadísticas) que sirvan para contar la historia real de lo que acabe de pasar. Y recuerda: algunas de esas pruebas pueden ser de antes de tu llegada (es el método del gobernador de New Jersey Chris Christie: «Deberías haber visto este sitio cuando llegué»). Cuanto más objetivos y cuantificables sean los datos que recojas, más fácil te será defenderte en caso de «fallo». Y si este ocurre igualmente, céntrate en las soluciones: «Sí, pasó esto y se debió a esto; y aquí os muestro cómo estamos resolviéndolo».

¿LAS CHICAS GRANDES NO LLORAN?

Obviamente esa canción la escribió un hombre.

Nuevas normas. Puedes llorar en el trabajo. De hecho, debes llorar en el trabajo. De hecho... hazme un favor y piensa en ello mientras «traes tus lágrimas al trabajo». Qué coño, mientras estés en ello, «#traetucoñoaltrabajohoy» todos los días. Lo vas a necesitar.

JILL SOLOWAY, creadora de *Transparent*

Estos son algunos de los sitios en los que he llorado hace poco:

- En la cama. Ese te lo conoces bien.

- En el baño de mi espacio de *coworking*, acurrucada en el suelo.

- En una cabina de teléfonos que olía a pis que apestaba.

- Delante del espejo mientras intentaba maquillarme, pero cada vez que me metía el palito del rímel en el ojo se me saltaban las lágrimas y acabé con unos manchurrones que se veían siniestros y sexis.

- Mirando un clip de YouTube, que resultó que era un anuncio corporativo de Microsoft. Ahora estoy más deprimida.

- En todo tipo de transportes públicos: aviones, coches, trenes, metros, autobuses, taxis... También andando y en bici.

- Fuera de la consulta de mi psicóloga, que está al lado de una clínica de enfermedades de transmisión sexual, lo que siempre resulta una declaración bastante pública.

- En la ducha, sentada, mientras me preguntaba a la vez si pillaría una infección vaginal horrible por estar en contacto con la bañera.

TELÉFONO

Naturalmente, al no ser solo una llorona frecuente (acababa de pasar por una ruptura horrible, ¿vale?), sino también una periodista profesional, empecé a prestar atención y a tomar notas de cuanto pudiese descubrir sobre llorar. Dónde lloran las personas en público. Si la gente las mira cuando lo hacen. Si llorar está aceptado socialmente. La historia del llanto (¿sabías que la especie humana es la única que derrama lágrimas de emoción?). Y, por supuesto, el debate inacabable acerca de si es apropiado que las mujeres lloren en el trabajo.

Hay un montón de consejos sobre el tema; la mayoría de ellos son especulativos, poco fundamentados, y casi todos recomiendan que evites llorar a no ser que quieras quedar como una tonta. «En todo caso, cuando lloras, regalas poder», dijo la presentadora de televisión Mika Brzezinski, que recodaba en 2014 para el *Huffington Post* cómo lloró cuando la despidieron de la CBS. Frances Hesselbein, antigua CEO de las Girl Scouts en Estados Unidos, lo expresó así: «Las lágrimas son de la familia».

Pero ¿lo son?

Hay algunos antecedentes que apuntar sobre el llanto de los hombres socialmente aceptable: lágrimas religiosas, lágrimas heroicas, lágrimas de fervor patriótico (se dice que los miembros del Parlamento británico lloraban tanto que apenas podían hablar).[30] Sin embargo, son las lágrimas de las mujeres las que son vistas como problemáticas. Se las considera manipuladoras (el escritor latino Publio Siro refirió al respecto: «Las mujeres han aprendido a derramar lágrimas para poder mentir mejor»); como herramienta del arsenal de artimañas femeninas («Una mujer luce sus lágrimas como si fueran joyas», según un antiguo proverbio);[31] o como señal de nuestra incapacidad para gestionar las presiones del poder.

Aún no hemos logrado la victoria, ya que si lloras mucho eres demasiado emocional, blandengue y tus emociones te nublan la visión intelectual y de negocio. Pero si algo triste pasa y no lloras... ¡ay de ti! Eres una zorra fría como el hielo. Me pregunto si es posible encontrar el punto intermedio. Bueno, Hillary Clinton lo consiguió... una vez. Cuando se echó a llorar en New Hampshire en 2008, después de que le preguntaran cómo lo llevaba, y luego ganó las primarias en ese estado. Más de un experto atribuyó la victoria a su demostración de emociones «tan poco característica».

Aun así, cabe afirmar que fue pura casualidad. Que, de algún modo, como por accidente, Hillary dio en el blanco casi imposible de lo que entra en los límites del llanto femenino «socialmente aceptable» (lo cual ha sido estudiado). Y se lo considera así porque estaba llorando, pero no a moco tendido; derramó lágrimas, pero solo un par.[32] Estaba técnicamente trabajando —se dedica a la política, después de todo—, pero sus emociones tenían que ver más con algo personal que no con el trabajo . También fue un visto y no visto: no lo hizo en una reunión o en una evaluación de rendimiento (¡fiu!); y su llanto no lo provocó el estrés laboral (o un desacuerdo con un compañero).[33]

No debe de ser, ejem, fácil de conseguir en el momento, por lo que hay un montón de consejos de cómo, supuestamente, evitar llorar: elevar la barbilla, mascar chicle, beber agua, pellizcarte (¿de verdad?) o hasta hacer flexiones. Muy bien todo, pero en realidad acabamos corriendo hacia el aseo o acurrucándonos en la escalera. Nos ponemos gafas de sol o decimos que nos ha pillado un aguacero. Le echamos la culpa a las alergias. O simplemente salimos a la carrera de donde estamos y hacemos lo que mi amiga Alfia llama el «parpadeo exterior» —muy rápido— antes de volver adentro y hacer como si no hubiese pasado nada.

O... he aquí una idea disparatada: podríamos limitarnos a llorar, joder.

Podríamos llorar, porque a veces sucede, porque todo el mundo puede soportarlo, porque somos mujeres profesionales ya creciditas que tienen un buen trabajo por el que luchar, y porque las otras mujeres de la oficina se habrán escondido para llorar también, probablemente en el aseo.*

Podríamos llorar porque es bueno para ti: hace que los niveles de colesterol bajen y ayuda a que también se reduzca la tensión arterial, mejorando tu sistema inmune y tu humor, de paso. Podríamos llorar porque, aunque se nos ha inculcado culturalmente que lloramos más —cuando los niños y las niñas son pequeños lloran más o menos igual, lo que nos lleva a creer que los chicos lloran menos solo después de que aprendan que no está bien que lo hagan—, en realidad, no importa. Nosotras lo hacemos más. (Según William Frey, investigador de llantos —¡sí, eso existe!—, las mujeres lloran cuatro veces con más frecuencia que los hombres, con una media de cinco llantinas al mes. También lloran durante períodos de tiempo más largos.)

Podríamos llorar porque —mira por dónde— nuestros malditos lacrimales son anatómicamente menos profundos, de modo que se llenan pronto y las lágrimas se derraman, todo lo cual hace que nuestro llanto sea más visible[34] (y, claro está, mucho más difícil de evitar).

---

* Una idea de un piloto de televisión de mi amiga Hillary Buckholtz: un programa de entrevistas al estilo del de Oprah, que se graba en los aseos de las grandes corporaciones. No hace falta que la producción concierte una cita previa; se entra en cualquier momento del día y allí hay una mujer sentada en la taza del inodoro (en el cubículo para minusválidos, normalmente). Se puede contratar a Hillary porque está disponible.

O podríamos llorar porque en ocasiones es nuestra forma de expresar frustración, y el trabajo puede producirla, y porque cuando los hombres se frustran se cabrean... y nadie escribe artículos sobre eso.

Así que llora lo que te dé la gana. ¡Llora en público! Ahí van algunos de mis sitios favoritos para hacerlo.

Análisis del CLF:
LOS MEJORES SITIOS PARA LLORAR EN PÚBLICO

DESFILES

Como el desfile del Orgullo Gay, por ejemplo. Sirven todos. «Nombra uno y allí estoy yo, a un lado, con gafas de sol y secándome las lágrimas de la cara discretamente», dice Sarah Jayne, fundadora de una *start-up*. Si por casualidad te topas con uno al ir a trabajar, aprovecha la ocasión.

TRANSPORTES PÚBLICOS

Según una amiga mía: «Los aviones tiene un aire especialmente romántico, pero los trenes son también geniales. Acababa de romper con quien era mi pareja desde hacía seis años y me metí sin pensarlo en el Cercanías a New Jersey. Lloraba tanto que no podía respirar. ¡Y nadie pareció darse cuenta!»

EL GIMNASIO

Las lágrimas en los gimnasios últimamente están muy extendidas, y aumentan en *crescendos* coreografiados para adaptarse al ritmo de nuestra bicicleta acuática. «He tenido clases en las que había gente a gatas y llorando a moco tendido —me contó hace poco Taryn Toomey, una ejecutiva de ventas metida a entrenadora de fitness—. Pasa en todas partes.»[35] Así que súbete a la cinta de correr o ve al gimnasio que te pille más cerca e híncate a llorar.

EN YOGA (O MEJOR: BIKRAM YOGA)

«Se supone que abrir mucho las caderas libera nuestras emociones, ya que, según los yoguis, nuestro bagaje emocional acumulado reside en ellas», afirma la profesora de yoga Kristin Esposito. ¿Y qué hay del bikram yoga? Pues resulta aún mejor, ya que te hará sudar hasta por los ojos.

MONUMENTOS PÚBLICOS

Qué gran lugar para pretender que te ha sobrecogido el fervor patriótico, si tienes la gran suerte de tener uno a poca distancia de tu escritorio.*

TU COCHE

«Me da mucha envidia esas personas que viven en ciudades en las que hay que ir conduciendo a todas partes, como Los Ángeles, donde pueden disfrutar del tipo de llanto "cruzando la 405" con el que todas soñamos», dice Kerry O'Brien, la directora de la guía *NYC Crying*, un blog que, en esencia, es lo que parece: una guía de sitios para llorar en Nueva York. (Si no la conoces ya, échale un vistazo en <crying newyork.tumblr.com>).

EN LA DUCHA

Puede que sea el lugar más romántico para llorar de todos y, aunque te pilla lejos y no es de utilidad si la llantina te asalta en público, te permite cierta vibración emocional. La meta es protagonizar la portada del disco de tu propia desgracia.

---

* Aunque te advierto que lo más probable es que acabes llorando a los pies de un hombre.[36] En 2011, de las 5.193 esculturas públicas al aire libre de Estados Unidos, solo 394, es decir, menos del 8 por ciento, eran de mujeres.

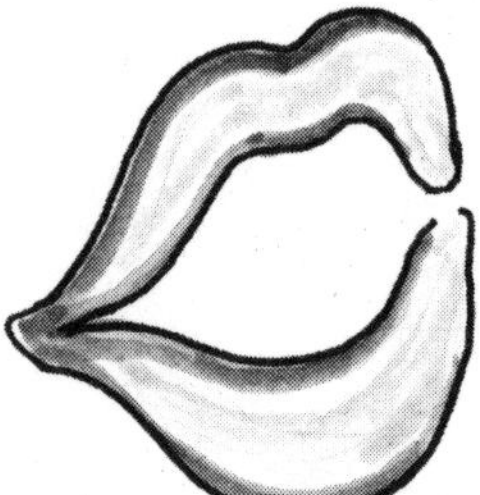

¡MÁS BAJO!

¡MÁS ALTO!

¡MENOS CHILLONA!

¡VOZ MÁS ROTA!

¡TODAVÍA NO PUEDO OÍRTE!

ALZA LA VOZ

O: La imposibilidad de HABLAR CUANDO ERES MUJER

Bill Hoogterp tiene un juego para beber que quiere que pruebe. Dice que elija mi refresco favorito, que llene con él medio vaso y luego añada agua hasta el borde. «Pruébalo», me indica en el descanso de un taller para entrenar el habla que está dando en Nueva York. Le hago caso. Está asqueroso, como un refresco que se hubiera quedado toda la noche mezclándose con el hielo.

«Sonamos a Pepsi aguada —explica Bill— cuando salpicamos nuestras frases con palabras como "esto..." y "eh...". Diluyen lo que decimos.» Así que, durante los siguientes quince minutos, cada vez que uso muletillas —«como», «ya sabes», «lo que sea», «vale», «totalmente», «solo», «quiero decir» (en otras palabras, todo mi vocabulario)— tengo que beber. «No estoy segura de que esto me guste...», empiezo. ¡Bebe! (Por la muletilla: «No estoy segura».) «Espera, pero una muletilla es...» ¡Bebe! (La muletilla en este caso es «espera».) «Vaya, hombre, esto es como...» Me detengo antes de que me vea obligada a beber otra vez.

Bill me dice que lo más poderoso que una persona puede hacer para mejorar el modo en el que se comunica es eliminar todo el lenguaje aguado. «También haría que nuestras reuniones fueran la mitad de largas», añade.

Bill es el fundador de una organización llamada Own the Room [Adué-ñate de la Sala], que ha entrenado a Molly Ringwald (actriz), Mellody Hobson (jefa de la junta directiva de DreamWorks Animation) y Sheryl Sandberg (directora operativa de Facebook y autora de *Vayamos adelante*) en el arte de hablar en público, junto con el lenguaje corporal oportuno. Desde que fundó la organización con su mujer, una antigua ingeniera, ha viajado por todo el mundo haciendo talleres para hombres y mujeres de cientos de empresas internacionales. Bill no empezó su carrera en el ámbito de la oratoria. Era activista. Hasta que se dio cuenta de que sus palabras surtirían más efecto si aprendía a proyectar mejor su voz (y su mensaje).

«PERDÓN POR INTERRUMPIR, Y YA SÉ QUE
OS SONARÁ A CHORRADA, PERO ME DA
QUE LAS MUJERES QUE SE COMPORTAN
BIEN CASI NUNCA HACEN HISTORIA.»

Famosa frase de la historiadora LAUREL THATCHER ULRICH,
si bien como la diría en la actualidad una oficinista milenial

Pido a Bill que valore mi manera de hablar sobre la marcha, y me indica que le describa a qué me dedico mientras lo graba en su iPhone. Me observa atentamente y luego vemos juntos el vídeo.

—¿Quieres la versión sincera o la versión sincera «a lo bestia»? —me pregunta.

Le digo que a lo bestia.

—Haces micropausas muy buenas —explica, y me siento halagada, aunque no tengo ni idea de lo que es una micropausa—. No usas prácticamente nada del registro de tu volumen, pero tu velocidad es la correcta. No hablas preguntando. Pero tampoco tienes un discurso autoritario. —Hace una pausa—. ¿Te gustaría saber cuál es tu problema?

—Mmm, eh, sí —respondo, y caigo en la cuenta de que he usado muletillas.

—Tu problema es que estás conduciendo un Ferrari con el freno de mano puesto. Eres capaz de mostrar más poder del que crees.

Si el objetivo es la concisión, entonces Bill tiene razón: probablemente yo «podría» expresar más poder si eliminara las muletillas. Y, sin embargo, «como» que me gusta mi forma de hablar. ¿Debería cambiarla solo porque no se ajusta a lo que se considera, un tanto arbitrariamente, el estándar laboral?

En una época en la que diseccionar la manera en la que las mujeres hablan parece haberse convertido en el pasatiempo favorito —nuestro tono, nuestros «lo siento» y hasta nuestra puntuación—, Bill forma parte del creciente número de *coaches* y consultores que enseñan a la gente a expresar un mensaje de manera eficaz: a abrir sus gargantas, a crear más resonancia verbal, a eliminar las muletillas y a usar el espacio y el lenguaje corporal para comunicar autoridad y añadir seriedad.

Sin embargo, en lo que respecta a las mujeres y el lenguaje oral, hay una salvedad importante, y es que lo que se considera el ideal no se corresponde, de hecho, con la manera en la que las mujeres, bueno, ya sabes, hablamos. Y por eso nos dicen que sonamos como si careciéramos de confianza cuando elevamos el tono. Que deberíamos quitar los «bueno» y los «pues» (hay aplicaciones que nos ayudan a eso), remediar el efecto *vocal fry* (o voz rota) y que deberíamos practicar y aprender a encontrar nuestra «mejor voz para hablar».

Pero ¿y si ya la hemos encontrado?

Los lingüistas te lo dicen a las claras: los patrones del habla masculinos y los femeninos han sido siempre distintos. Las mujeres tienden a mostrar unos patrones de entonación más variados; ponen más énfasis en determinadas palabras y hablan más sobre asuntos personales. Y mientras que el estilo de comunicación masculino en el trabajo es básicamente autoritario, con frases como: «Esto es lo que necesitamos hacer» o «Tenemos que hacerlo mejor», el estilo femenino es persuasivo, con ejemplos como: «Tengo una idea que me gustaría que tuvieses en cuenta», si bien otras veces la mujer puede plantear su idea en forma de pregunta: «¿Qué opinas de este enfoque?».

Durante mucho tiempo ha prevalecido el cliché de que las mujeres encabezan las tendencias lingüísticas populares, ideando palabras nuevas, jugando con los sonidos y creando atajos verbales que se quedan en el lenguaje menos formal (seguro que no fue un hombre el que se inventó el acrónimo LOL). Por otro lado, el estilo de hablar masculino —conciso, directo y confiado— es el que se asocia con el liderazgo y el poder en el lugar de trabajo. Lo que quiere decir que, en lo que respecta a este último, las mujeres a menudo tienen que adaptar su forma de hablar a la de los hombres, pues la manera de hablar femenina se considera insegura, menos competente e incluso a veces menos digna de confianza.[1] No es de extrañar, por tanto, que Margaret Thatcher contratará a un entrenador de la voz para que la ayudara a sonar menos «chillona».

Pero aún hay más. Sí, las mujeres pueden adaptar la forma de hablar, pero no deben pasarse, o sonarían masculinas. En su libro *La comunicación entre hombres y mujeres a la hora del trabajo*, la lingüista Deborah Tannen describe a una mujer que no fue bien recibida cuando intentó hablar como sus colegas masculinos, pero que pudo remediar la situación añadiendo de nuevo palabras como «perdón» a su manera de hablar. Como Tannen apuntaba más adelante: ¿cómo no va a perder alguien confianza si están diciéndole constantemente que todo lo que hace está mal?

Y aquí estamos otra vez, con ese doble rasero constante («maldita sea si lo haces, maldita seas si no lo haces»), que se resume en hablar suavemente cuando tratas de hablar más alto, intentar eliminar los «perdón», pero seguir pareciendo modesta, y evitar los «siento como si», pero mantener un tono maternal. Qué fácil, ¡¿verdad?!

En conclusión: no existe una única manera correcta de hablar... si quieres ser tú misma. Pero a continuación expondré algunas trabas habituales a las que quizá te convenga acercarte con cautela.

Traba verbal:
TODO EL DÍA PIDIENDO PERDÓN

Esta es una lista breve de las disculpas más ridículas que he dado últimamente:

- Un «perdona, te pedí un *latte*» al barista de la cafetería de mi barrio, que siempre se equivoca, al que siempre le dejo propina y al que tuve que corregir, una vez más, cuando volvió a servirme el café equivocado.

- Un «vaya por Dios, ¡lo siento!» al tío con el que choqué mientras iba por la calle, que hizo que me derramara el dichoso café por encima.

- Un «lamento todo este trajín» a ese seudocompañero con el que tenía que reunirme después de ir a por mi café, al que tuve que cambiarle la hora de la cita... si bien no lo lamentaba en absoluto.

«Me di cuenta de que mi costumbre de "pedir perdón" era mala cuando me descubrí disculpándome ante mi novio por una cena achicharrada que él había cocinado», me decía pensativa hace poco mi amiga Cristen Conger, presentadora de un podcast llamado *Stuff Mom Never Told You*. Yo estaba escribiendo una columna sobre las mujeres y las disculpas, y le había preguntado si alguna vez se había pasado pidiendo perdón. Le reenvié su respuesta a otra amiga. «¿Qué nos pasa a las mujeres con tanto pedir perdón?», le escribí. «Perdona que no te haya contestado antes», me respondió cuarenta y cinco minutos más tarde.

Érase una vez que la palabra «perdón» estaba reservada para las cosas por las que una persona podía de verdad sentirse mal: derramar el vino en la camisa de seda blanca nueva que habías cogido prestada sin preguntar; abollarle el coche a tu madre y meter la pata con algo —pero mucho— en el trabajo. En estos tiempos es más bien una muletilla: una protección, una manera de interrumpir, para pedir educadamente sin ofender, para decir «disculpa», o cualquier otra cosa que implique hablar en voz alta o exponer cualquier tipo de opinión.

¿No podemos siquiera ser dueñas de la disculpa... o del insulto?

En muchas ocasiones cuando decimos «lo siento» funciona. Pero si tu oyente no es un individuo insoportable, sino una sala de conferencias llena o un email en respuesta a varios remitentes, métete esto en la cabeza: da igual que digas: «Perdón por interrumpir, pero creo...», porque sonará a: «No confío en lo acertado de mi idea. ¿Por qué ibais a hacerlo vosotros?».

VECES QUE ME HE DISCULPADO

CUANDO HE ESTADO
DE VERDAD
ARREPENTIDA

NIVEL DE AMENAZA

Cuando sí estás arrepentida

Permíteme un momento para recordarte los fundamentos de un «lo siento» bien empleado. Una disculpa de manual se ofrece cuando la que está hablando se da cuenta de que ha hecho algo perjudicial u ofensivo al que se dirige y quiere restablecer el equilibrio de la relación. ¿Se aceptan las disculpas? ¡Genial! La relación puede florecer de nuevo, sin hacer (más) daño.

El perdón de disculpa

En el uso cordial de nuestros días, «perdón» y «disculpa» son llamadas de atención a las que siguen inmediatamente una petición o demanda; son delicados carraspeos de garganta que se usan para suavizar una situación incómoda o una petición polémica (por ejemplo: «Perdón, creo que cabe la posibilidad de que estés sentado en mi sitio», o lo que es lo mismo: «Exacto, necesito que te levantes de mi sitio»); y como disfraz eufemístico para encubrir el enfado o la frustración, cuando esperamos que se haya hecho algo y no ha sido así (o al menos no como nos gusta).

El perdón de educación

Sí, a veces «lo siento» es sencillamente la «verbalización de un gesto cordial», como lo llama Deborah Tannen. Lo dices cuando quieres que alguien se explique: «Lo siento, pero no estoy segura de lo que quieres decir»; también cuando interrumpes a otras personas para preguntar algo: «Lo siento... Estoy buscando a Fulanito. ¿Lo habéis visto?». Los británicos, hombres y mujeres, usan «perdón» con esa intención constantemente, según Tannen, y nadie piensa que denote inseguridad o que estén condenados a un futuro aciago.

Traba verbal:
¿HABLAR PREGUNTADO?

«La primera vez que fui consciente de esto fue entre las estudiantes más brillantes —dijo recientemente el catedrático de sociología Thomas Linneman, del College of William and Mary—. Se levantan delante de la clase y dicen: "¿Estos son mis resultados? ¿Aquí está lo que he descubierto?". Me pareció increíble.»

Se llama «hablar preguntando», y cuando no supone transformar una afirmación en una pregunta («Sí, ¿no?»), se trata de añadir una pregunta al final de una afirmación («¿Sabes lo que quiero decir?» «¿Tiene sentido?»). Tanto las mujeres como los hombres lo hacen (George W. Bush era famoso por eso), pero nosotras más a menudo que ellos; las blancas las que más. En un estudio sobre los concursantes de *Jeopardy!** los investigadores descubrieron que cuanto más éxito tenía la concursante, más lo hacía, mientras que en el caso de los hombres sucedía todo lo contrario.[2]

---

* Concurso mítico de la televisión estadounidense en el que los concursantes ganan si formulan bien la pregunta de la respuesta que aparece en los monitores. *(N. de la T.)*

«¿Me están subestimando?»

NIVEL DE AMENAZA

Para frenar a un Interrumpidor

Por lo menos hay un puñado de estudios que arrojan luz sobre la posibilidad de usar el «hablar preguntando» como mecanismo de defensa y prevenir que la gente te deje a media frase.[3] (Recuerda: las mujeres tienen el doble de probabilidades de que se las interrumpa.) Resulta que convertir el tono de tu voz en pregunta puede ser de verdad bueno para algo: significa que no has terminado todavía.

Para comprobar

Como para decir: «¿Seguís ahí? ¿Estáis prestándome atención?».

Para obtener la afirmación

La afirmación está bien, y a veces una pregunta consigue las palabras de ánimo que se quieren oír: «¡Totalmente!» o «Sí, estoy de acuerdo». Pero si tu intención real es impresionar a tu oyente, puede ser un pelín infantil presentar tu afirmación de un modo en el que te hace perder... ejem... valor. ¿Sabes lo que quiero decir?

Para expresar confianza

En *La comunicación entre hombres y mujeres a la hora del trabajo*, Deborah Tannen describe a un CEO que explica que a menudo tiene que tomar decisiones en «cinco minutos» sobre proyectos en los que su gente ha estado trabajando cinco meses. Emplea esta norma: si la persona que le hace la propuesta le inspira confianza, aprueba el proyecto. ¿Acabar tus afirmaciones en preguntas o, en realidad, empezarlas con una disculpa? Lo contrario a confianza.

Traba verbal:
MITIGAR

PALABRAS PARA MITIGAR

CALIFICADORES	MULETILLAS	CLÁUSULAS	PALABRAS DE PRECALENTAMIENTO
-No estoy segura de que esté bien, pero...	-mmm... -esto... -algo como - por lo visto	- ¿Tiene sentido esto?	- solo -realmente

Se llaman «palabras mitigadoras» y aparecen de muchas maneras. Está el tembloroso calificador («No estoy segura de que esté bien, pero...»), que sirve para combatir el temor a que una afirmación quizá sea errónea. Están las muletillas como «por lo visto», «mmm», «supuestamente», y en general adverbios que ofrecen solo una ligera idea de una opinión. También están los intentos por confirmar, llamados «cláusulas» («¿Tiene sentido esto?»), así como los desacuerdos taimados («realmente, eso no es así») y las palabras de precalentamiento, como «solo» («Solo quería comprobar que...»).

Piensa en estas palabras o expresiones como una especie de «quizás performativos», con siete «íes» y tres «aes» (*quiiiiiiizáaa*). Son palabras de consentimiento: se usan para minimizar el impacto de una elocución o para añadir ambigüedad a una afirmación. Aunque son similares al «perdón», esta categoría es diferente, ya que no es tanto una disculpa directa como una disimulada, una llamada tímida a la puerta o, como la exejecutiva de Google Ellen Petry Leanse dice, una manera de «dar a los otros miembros de la conversación el papel de "padre", garantizándoles más autoridad y control».[4]

Y tiene razón, pues técnicamente nuestras afirmaciones sonarían más asertivas si quitáramos tanto el «pero» como el calificador que lo precede. ¡PERO...! A lo mejor esta es la razón en sí por la que usamos calificadores de primeras: para sonar menos asertivas, más dulces, menos prepotentes y menos exigentes. Para crear el efecto de que tanto el que habla como el que escucha han llegado juntos a una idea.

NIVEL DE AMENAZA

Para enfatizar

«Esa reunión fue simplemente terrible.» «Esa comida fue simplemente maravillosa.» Esos «simplemente» no denotan duda... sino énfasis.

Para pedir algo

«¿Qué os parecería si paráramos un minuto?» «¿Podría hacerte un par de preguntas?»

Para ganar tiempo

Un «mmm» o un «ya sabes» bien usados y a tiempo pueden dar a tu cerebro un momento para poner en orden las ideas, otra versión del ya avalado por la experiencia «esa es una buena pregunta, Bob», lo que de alguna manera conjuga equilibradamente la condescendencia y el cumplido.

La palabra mitigadora confiada y decidida

Se usa en entornos de trabajo para enmascarar el hecho de que no tienes la respuesta y, aun así, apañártelas para dar tu opinión. «Bueno, lo cierto es que no sé quién puede tener tiempo suficiente para informarse por completo sobre [pon aquí el tema más a mano], pero creo que deberíamos [pon aquí tu opinión sí o sí].» Si puedes utilizarlo hazlo. Los hombres lo hacen constantemente.

El «de hecho» agresivo

Es el «habla con mi mano» de la lingüística, tal como dijo la periodista Jen Doll: una expresión muy astuta que se usa para decir «tú tienes razón y yo también» pero sin tener, de hecho, que hacer tuya la corrección. Por ejemplo: «Hola, Jennifer». «Es Jessica, de hecho.» O: «El equipo al completo ya está aquí». «De hecho, estamos esperando a Ashley.» «De hecho» puede suavizar el golpe, pero también es posible usarlo para arrojar una bomba bastante potente. «Los números están un 16 por ciento por debajo.» «No, de hecho, están un 5 por encima.» Simplemente no dejes que tu tono de voz suene sorprendido por tu propia convicción.

Traba verbal:
HOUSTON, SIENTO QUE TENEMOS UN PROBLEMA

Hubo una época en la que «siento» podía indicar que realmente, ya sabes, sentías algo, por ejemplo, malestar, o una emoción o culpabilidad. Pero hoy en día los sentimientos parecen haberse convertido en una manera íntima y menos directa de expresar una opinión: «Siento que deberíamos considerar probar la X», o sencillamente otra forma de decir «creo».

«Siento que» gozaba de mucho éxito en la década de 1970 (una época con todo tipo de sentimientos), pero realmente su uso empezó a extenderse a principios del nuevo siglo, y como la mayoría de las cosas relacionadas con la lingüística, se hizo más popular entre las mujeres jóvenes.[5] Tiene sentido que fuese así porque muchos de esos patrones del habla se remontan a nuestra adolescencia, cuando las chicas forjan lazos de amistad compartiendo secretos, historias y sentimientos, mientras que los chicos tienden más a jugar en grupo, dando órdenes a gritos[6] (ahí no hay sentimientos que valgan). Sin embargo, según vamos creciendo, parece que seguimos los mismos patrones del habla que usábamos en el patio del colegio; y las mujeres extrañamente lo hacemos más cuando hay hombres cerca, salpicando nuestro lenguaje de mil y un sentimientos.[7]

Hay casos en los que expresar esos sentimientos es útil, pues se corre un riesgo menor al decir «siento que» que diciendo «sé» o «creo»; además, en algunos casos puedes usar ese matiz a tu favor. Pero ¿cuánto de ese «siento que» tiene que ver con el hecho de que se espera que las mujeres tengan que asumir el papel de preservar los sentimientos y no puedan limitarse a ser directas? Estamos hablando de negocios, no de una sesión de terapia de pareja. «En el trabajo se considera de cobardes, débiles e inseguros», escribe

Phyllis Mindell, catedrática de Georgetown, en su libro *How to Say It for Women*. «Describir sucesos o cosas del trabajo en términos de "sentimientos" sustituye la psicología barata por ideas claras.»[8]

NIVEL DE AMENAZA

Para ser educada

Vale, en vez de decir: «Siento que no me estás entendiendo», podrías decir: «No me estás entendiendo», pero el «siento que» suaviza el golpe.

Para resolver conflictos

Si enfocas los conflictos desde la perspectiva de tus sentimientos será menos probable que los demás se sientan atacados. Puedes decir, por ejemplo: «Me siento frustrada con tu progreso» o «Estoy decepcionada con tu labor». Es cierto que las mujeres sufren cuando se las considera demasiado emocionales en el trabajo. Sin embargo, hay estudios que demuestran que expresar emociones «silenciosas» en el ámbito laboral, como decir «siento que», puede ser una manera muy efectiva de comunicarse.[9] Cuando esos sentimientos cruzan el umbral y se desvían de la ruta —y hay lágrimas, gritos o enfado—, entonces sí se castiga a las mujeres.

Discursos en público

Todos esos sentimientos están quitándote tiempo para expresar, de hecho, lo que quieres decir.

Traba verbal:
O SEA, AAAH, ESTOOO, YOOO

«Suenas igual que una pija californiana —me dijo el hombre con el que hablaba por teléfono—. ¿Cuántos años tienes? ¿Trece?»

No tenía trece, sino veinticuatro. Y no era de California, sino que estaba llamándolo desde la oficina de Nueva York de un periodista de investigación para el que trabajaba. El hombre al otro lado de la línea era un alto cargo municipal (aparte de un imbécil, visto lo visto) e hizo que me sintiera avergonzada hasta tal punto que ese día tomé conciencia de mi voz.

La manera de hablar de las pijas de California, o *Valley girls* en inglés, que se caracteriza por los «así, ¿no?, o seaaa, de verdad, me muero, por favooor» que emplean, es relativamente famosa desde la década de 1970, y se vio como una especie de dialecto que adoptaron las mujeres blancas del valle de San Fernando, situado a las afueras de Los Ángeles. Pero no fue hasta la década de 1980 cuando se convirtió en un fenómeno cultural total en Estados Unidos, e incluso fue motivo de parodia en una canción de Frank Zappa en la que aparecía la voz de su hija pequeña con dicho acento:

> *Like, oh my God.*
> *Like totally.*
> *I like love going into like clothing stores and stuff.*

> [O sea, por Dios.
> O sea, total.
> O sea, me encanta ir de tiendas y tal.]

En la década de 1990 la manera de hablar de las pijas de California —y la moda y actitudes que la acompañaban— fue parodiada en la obra maestra feminista existencial *Fuera de onda*, un *remake* moderno de *Emma* de Jane Austen. En *Fuera de onda* la pija Cher (Alicia Silverstone) y su mejor amiga, Dionne (Stacey Dash), son las reinas del instituto y de todo lo que eso conlleva: estatus social, amigos y sexo.

Hoy en día esa manera pija de hablar ya no se limita a las mujeres de ese valle de California (o solo a ellas, pues al menos un investigador ha descubierto que los hombres utilizan «o sea» más que las mujeres),[10] aunque la imagen de Cher con su faldita de colegiala, exclamando «¡por favor!» ante todos los chicos con los que se cruzaba, se nos ha quedado grabada. Eso y el estereotipo que lleva implícito: bobalicona, inmadura, compradora compulsiva y superficial.

NIVEL DE AMENAZA

Hemos, o sea, evolucionado, ¿vale?

Ese es el argumento de la lingüista Robin Lakoff, quien advierte que gran parte de la manera de hablar de las *Valley girls* que criticamos es, de hecho, la evidencia de la evolución de un modo de comunicación que envía señales al oyente.[11] Algunos aspectos de ese lenguaje pueden crear una coordinación, hacer que la gente se sienta incluida y aun generar confianza. «Crean cohesión y coherencia —según Lakoff—. Y esa es la principal función de una especie articulada socialmente. Si las mujeres usan más esa forma de habla, es porque somos mejores como seres humanos.» Chúpate esa.

Convierte las muletillas en lenguaje útil

Aprende a diferenciar, por ejemplo, entre el «o sea» como muletilla («O sea, me muero de hambre») del «o sea» como sustitutivo de «es decir» o «a saber» («Y estaba muy contento, o sea, que me dio el aumento» o «Debemos encontrar una solución a este problema, o sea, que tenemos que llevarnos al cliente a comer»).

Las primeras impresiones

Lo que tenemos claro es que esa manera de hablar probablemente no la entiendan ni tus padres ni tus compañeros maduritos. (Pero no hay que olvidar que ellos tienen también sus fantásticas pero particulares maneras de hablar.) Te guste o no, la gente emite juicios de valor basándose en aspectos superficiales como la manera de hablar que tiene alguien en lugar de considerar lo que está diciendo. Así que, hasta que tengas la oportunidad de demostrar que sabes de lo que hablas, ve con cuidado.

Traba verbal:
HABLAR COMO UNA CHICA SEEEXY

Kim Kardashian ha amasado una fortuna con eso, pero la mayoría de nosotras no lo lograremos jamás. Ella es esa mujer que termina sus conversaciones telefónicas con un «graciaaaaaas», y la que demuestra su autoridad con un tono de voz chirriante. Ese tono en concreto se llama «voz rota», y se consigue haciendo que tus cuerdas vocales vibren todas a la vez de una manera rarísima, como si estuviesen friendo algo (de ahí que en inglés el término se conozca como *vocal fry*, literalmente: «fritura vocal»), y una octava por debajo del tono habitual. Lo hacen hombres y mujeres por igual. Y, vale, ese tono suave puede llegar a sonar sexy, es útil para enfatizar, y es más o menos divertido de hacer, pero el liderazgo –para bien o para mal– está asociado con unos tonos más fuertes, autoritarios y menos «fritos».

---

voz rota
Un nombre genial para una banda feminista, si bien se emplea, por lo general, para describir esa manera de hablar que consiste en alargar las vocales, por ejemplo, diciendo «holaaa» o «graciaaas». También se conoce como «voz chirriante».

Los medios de comunicación han hecho todo tipo de análisis sobre la voz rota o chirriante desde, al menos, 2011, cuando las mujeres jóvenes (supuestamente) empezaron a usarlo para imitar a las Kardashian del mundo, y empezó a criticárselas por ello (se las veía menos competentes, menos educadas, dignas de menos confianza, menos atractivas y con menos posibilidades de que las contrataran, según un estudio que ha sido muy discutido). En realidad, la voz rota se remonta como mínimo al año 1964, cuando los hombres británicos comenzaron a emplearla para, ¡atención!, evidenciar su estatus social superior. Empezó a ganar popularidad en Estados Unidos alrededor de 2003, y se observó por primera vez en mujeres de California que hablaban una mezcla de chicano e inglés.

Sin embargo, en su variante actual existe un problema manifiesto: si bien tanto los hombres como las mujeres hablan así, parece que solo estas últimas sufren[12] por ello. Cabe explicarlo en parte gracias a la ciencia: según Lisa Davidson, lingüista de la Universidad de Nueva York, la voz rota se relaciona con una reducción repentina del sonido. Dado que las voces de los hombres por lo general tienen el tono bajo, el cambio en ellos se nota menos. Por supuesto, la voz rota también se considera, en opinión de muchos lingüistas, una especie de antídoto contra el «hablar preguntando», que, como se ha explicado ya, es esa tendencia a terminar las afirmaciones con una pregunta, elevando el tono de voz. Así que en realidad estamos combatiendo esa inflexión intentando que nuestras voces sean más graves, pero lo único que conseguimos es que suenen chirriantes. No hay forma de ganar, ¿eh?

NIVEL DE AMENAZA

Cualquiera con menos de cuarenta años

Dada la conmoción que causó la voz rota, una lingüista de Stanford[13] decidió encuestar a sus estudiantes para saber si a estos, como a ella, les parecía un sonido áspero. No fue así. Amplió a continuación la encuesta a un estudio que abarcó a quinientos adultos, y el resultado fue que solo a «aquellos con más de cuarenta años» les molestaba la voz rota. En todo caso, la domines o no, puede que pronto se convierta en la normal vocal.

En reuniones y entrevistas

Los investigadores de un estudio que se realizó en 2014[14] organizaron, para llevarlo a cabo, una serie de entrevistas de trabajo falsas en las que grabaron a siete hombres y siete mujeres diciendo «gracias por tenerme en cuenta para esta oportunidad», tanto con su voz normal como con voz rota. Luego pidieron a los participantes en el estudio que los puntuaran. El muestreo era limitado, pero los investigadores descubrieron que, comparada con un tono normal, la voz rota en las mujeres hacía que el oyente las considerara más tontas, menos cualificadas y menos atractiva. Y fueron las mujeres —no los hombres— las más críticas.

Decir «que te joooooodan»

Es una estrategia tremendamente satisfactoria, aunque muy peligrosa, decir a alguien «que te jooodan», y luego hacer como si fuera un día cualquiera y hablar como te salga de las narices.

Traba verbal
LA DE LOS XOXOXO

Era una llamada amistosa para conocerse la una a la otra, el tipo de conversación que cualquier profesional de treinta y tantos puede tener. Una compañera había puesto en contacto a mi amiga Amanda con una productora de Los Ángeles. Hablaron sobre sus respectivos proyectos creativos y de cómo podrían colaborar más adelante. Quedaron en seguir en contacto.

Amanda se despertó a la mañana siguiente con un mensaje de la productora. «Me flipó hablar contigo, de verdad», había escrito, seguido por XOXO.

«Qué maja», pensó Amanda. Y decidió contestarle más tarde. Pero antes de poder hacerlo, recibió otro mensaje con el asunto: «XO». Lo abrió. Solo había una línea:

XOXOXOXOXOXOXOXOXO

Amanda estaba alucinada. «No había visto jamás tantos besos y abrazos en ningún mensaje, ni siquiera de mis padres o de mis novios —me contó—. Me planteé si acaso esa mujer estaba enamorada de mí, y, de ser así, ¿heriría sus sentimientos si no la correspondía con la misma demostración de amor?»

Llamé a un lingüista para que me explicara el origen del «XO», y averigüé que, al parecer, se remonta cuando menos a 1763. Sin embargo, por aquel entonces se usaba si de verdad querías mandarle a alguien un beso y un abrazo. No a una persona con la que habías hablado solo una vez. Y, sin embargo, «XO» se usa con tanta frecuencia hoy en día que los lingüistas han estudiado su uso. ¿Sabes que han descubierto? Pues sí: que sobre todo lo emplean las mujeres.[15]

NIVEL DE AMENAZA

Para fomentar la camaradería

El «gracias, colega» de la hermandad profesional.

El XO vago

Es más rápido que un «espero que estés bien, me encantó hablar contigo» a la hora de concluir un mail pero ¿es lo que quieres decir?

El XO pasivo-agresivo

«Necesito este informe en mi mesa y lo necesito para... ayer. XOXO.»

Para suavizar una petición

Piensa en todos esos estudios cuya conclusión es que las mujeres deben ser autoritarias en la oficina y a la vez agradables. En ese contexto, a lo mejor el «XO» es una buena táctica para dominar ese doble arte.

Una especie de traba verbal:
LA EMOJIMANÍA

Empezó hace más o menos un año con una carita sonriente ocasional, un brazo flexionado para dar ánimos o corazoncitos cuando tus amigos te enviaban las fotos de sus bebés. A mí me gustaban sobre todo los emoticonos de «ejem», esa carita sonriente amarilla con todos los dientes a la vista, ideal para decir: «¡Estoy atascada en el metro!» o «Ups… Acabo de despertarme y es la una de la tarde». Enseguida comencé a sustituir palabras por emoticonos, enviando a mi madre secuencias complicadísimas y usando un «pulgar hacia arriba» para indicar a una amiga que no estaba cabreada. Y un buen día de repente prácticamente me eché a llorar después de pasarme diez minutos buscando en el iPhone el emoticono de la flamenca bailando, como si hubiese desaparecido. Mi búsqueda sobrepasó el límite de la cordura en el momento en el que me entró la llamada de un contacto del trabajo con el que estaba esperando hablar y, claro, presioné «ignorar».

Los orígenes de los emoticonos se remontan a la década de 1880, y el primer emoticono digitalizado surgió en Japón en los años noventa. Pero en el resto del mundo la explosión ha sido un rasgo distintivo de la era posmilenial. Y aunque los emoticonos no están en absoluto limitados al uso femenino, como la mayoría de las cosas que tienen que ver con la lingüística, somos las mujeres las que estamos a la vanguardia de esa tendencia.

NIVEL DE AMENAZA

Enviar emoticonos a tu jefe

Si tu jefe te los manda, no tengas miedo y mándale tú uno. Esto es lo que se llama «mimetismo conductual» y puede ayudar a establecer confianza.[16]

Enviar emoticonos para felicitar

Un 💯 es una manera genial de decir: «¡Lo has clavado!», mientras que 🔥 es una manera perfecta de decir: «Esa presentación fue la bomba». También es útil para cualquier situación que tenga connotaciones festivas: la flamenca bailando 💃 , que es, dato importante, el emoticono favorito de mi madre.

La regla de tres

Tres caritas felices = ¡divertido! Cuatro caritas felices = tengo una sed que te mueres.

No intentes esto en casa 💣💣💣

Aunque te merezcas un aumento y estás cargada de razones para pedirlo, no deberías usar el emoticono en el proceso. De igual manera, si estás poniendo verde a tu jefe —o eres el ministro de Exteriores de Australia describiendo a Putin—, la carita de diablo sonriente 😈 probablemente haga que se te cuestione (esperemos que no lo hagas durante una reunión del comité del Senado).

¿ESA ES UNA DESCRIPCIÓN SEXISTA?

SE LLAMA LEY DE LA REVERSIBILIDAD Y FUNCIONA ASÍ

PASO 1: CAMBIA EL GÉNERO DE TU ASUNTO

PASO 2: MIRA A VER SI SUENA RARO

PASO 3: REPITE

No uses un

VOCAPULLOLARIO

Apuntes para una posible guía

He aquí unas cuantas palabras y frases que me encantaría poder evitar oír sobre mí misma: «agresiva», por intentar que me ascendieran; «controladora», como me dijo un exnovio después de tomar una decisión sobre las tareas domésticas; «loca», como me llamó una editora a la que no le gustó mi actitud; «difícil», cuando pedí más dinero por el encargo que me hacía una revista; «arpía», cuando me negué a promocionar a otra escritora.

Me han llamado «emocional» por alzar la voz, «histérica» por enfadarme y «acosadora» por ser insistente. Tenía un compañero que no paraba de decirme que «no me comiera esa cabecita» y, hace poco, una periodista me preguntó por mi estado civil, para el artículo que escribía sobre la «lucha contra los prejuicios de género».

La mayoría de nosotros no reflexionamos acerca de las sutilezas del lenguaje. Hablamos y punto, y, si bien a veces nos arrepentimos de lo dicho, casi siempre lo dejamos correr. Con todo, en lo que respecta a las mujeres las palabras tienen mucho más peso del que imaginamos. Recordemos, si no, cuando en 2008 un votante de John McCain le preguntó sobre Hillary Clinton: «¿Cómo vamos a derrotar a esa zorra?». McCain se echó a reír e, incómodo, bromeó diciendo que era una «pregunta excelente». Pero algunas investigaciones han demostrado que hasta las palabras del sexismo sutil —no solo «zorra», sino también, por ejemplo, «chillona»— influyen en la intención de voto de la gente a la hora de apoyar a un candidato, y si están a favor o no de una candidata.[17]

Existió una vez una guía de este tipo, una que casualmente tengo en mi estantería porque la birlé de la vieja biblioteca de *Newsweek*, donde la habían pedido en préstamo una sola vez. Se llama *The Handbook of Nonsexist Writing*, obra de las escritoras feministas Casey Miller y Kate Swift, y está llena de consejos maravillosos de los años ochenta: hablan de la evolución del «hombre», aconsejan sobre el uso apropiado de «chica» frente a «chiquilla» y hurgan en la pregunta de si a las «amas de casa» debería llamárselas «mujeres trabajadoras» («¿Qué son las amas de casa sino mujeres trabajadoras?», plantean).

No hay ningún libro parecido hoy en día, pero debería existir. He aquí unos apuntes para empezar.

Agresiva
A ella la llaman «agresiva» y a él «asertivo»... Y ambos exhiben idéntico comportamiento.

Con un par de pelotas
O lo que es lo mismo, valiente. ¿Por qué la valentía ha de asociarse con la anatomía masculina?

Mandona
Lo que en realidad significa que tiene cualidades para mandar, un rasgo que podría ser algo bueno. Solo que las mujeres tienen tanto miedo a que las

llamen eso que, según un estudio de las Girl Scouts, las chicas eluden los roles de liderazgo para evitarlo.

Pelea de gatas

Cuando los hombres muestran su desacuerdo se dice que son: fuertes en sus convicciones, admirables, solo están haciendo negocios... Pero si lo hacen las mujeres siempre hay algún tío que dice: «¡Pelea de gatas! ¡Tirones de pelo! ¡Fijo que se rompen las camisas! Rápido, ¡ven a mirar!».

Loca

Es la palabra despectiva comodín para aplicar a cualquier mujer que no guste, que incomode o que no encaje en el patrón.

Teatrera

¿Es «de verdad» teatrera, o la ves así porque es una tía?

Emocional

O: cómo se ve a las mujeres cuando expresan enfado o descontento en el trabajo, mientras que a un hombre que hace lo mismo simplemente se lo considera «apasionado».

Peleona

En 1984 a Geraldine Ferraro, la primera mujer candidata a vicepresidenta de uno de los grandes partidos en Estados Unidos, la describieron como «peleona» y «agresiva pero no amenazadora», y luego le preguntaron si sabía cómo hornear madalenas de arándanos. Cuando se puso de pie en la Convención Demócrata Nacional de San Francisco, el presentador Tom Brokaw anunció: «¡Geraldine Ferraro... la primera mujer en ser nominada a la vicepresidencia... con una talla 38!».[18]

Femenina

Cuando Shonda Rhimes recibió el borrador de una nota de prensa para un evento en el que ella sería la protagonista —y donde se la llamaba «la fémina negra más poderosa de Hollywood en el mundo de la producción de series»— tachó las palabras «fémina» y «negra», las sustituyó por «productora» y lo devolvió. Cuando seamos capaces de evitar calificativos como estos en frases así, dado que nadie llamaría a un productor, por ejemplo, «el macho blanco más poderoso», nuestro trabajo habrá terminado.

Chicas

Un término fantástico para referirte a tu pandilla. Pero si estás en un ámbito profesional, por favor, procura llamarnos «mujeres» porque eso es lo que somos.

Lo tienen todo

¿Puede Wendy Davis tenerlo todo? ¿Y Carly Fiorina? ¿Y qué pasa con Shonda Rhimes? Y, ya que estamos, ¿cómo es que esas mujeres lo tienen todo? Tina Fey dijo que esa «es la pregunta más grosera que puede hacérsele a una mujer», y su respuesta es bien sencilla: «Lo conseguimos del mismo modo que los tíos, solo que ellos no han de dar explicaciones».

Él

¿Utilizas el masculino cuando hablas de una persona sin concretar? Hay otras alternativas como «ellos o ellas», «ella o él» y «persona».

Fría

Una manera apropiada de describir una mañana de invierno, no la personalidad de una mujer.

Niña

Una palabra que no deberías usar nunca para referirte a una mujer en el entorno profesional, por muy mona y joven que sea.

Propio de una dama

O su hermana pequeña: «típico de chicas». Bien mirado, ¿qué hace que algo sea «propio de una dama»? Si esas expresiones no nos cuentan algo más acerca de una persona, aparte del hecho de que se trata de una mujer, podemos asumir que es una muletilla sexista.

Hombre

Si nos referimos a alguien en el ámbito de los de negocios, entonces podemos usar «hombre» o «mujer».

Amante

Ella es la amante y él... ¿qué, un ligón?

Señora

«Señor» no nos comunica si un tío ya está «pillado» o no, así que intentemos evitar el «señorita».

Gruñona

Palabra reservada a aquellas mujeres que piden las cosas dos veces.

Asquerosa

Es lo que Donald Trump llamó a Hillary Clinton y una palabra que casi nunca se ha usado para describir a un hombre. Asquerosas del mundo, ¡uníos!

Maja

Qué bien que pienses que es maja. Pero ¿qué tal si empleas un adjetivo con más chicha? «El problema con "maja" —dice Robin Lakoff— es que las mujeres son eso... o todo lo contrario.»

Vivaracha

«No eres lo suficientemente vivaracha para mí», le dijo una vez el escritor Gay Talese a una ayudante del cuerpo docente[19] después de que ella se negara a prepararle un té. Peticiones de té aparte, ahí va una pregunta seria: ¿te has encontrado alguna vez con un hombre del que se esperara que lo fuera?

Guapa

Y otras descripciones físicas similares que deberías evitar si lo que quieres en realidad es hablar sobre las cualidades de esa mujer. Me refiero a que evites referirte a: su escote, sus tobillos gordos, su corte de pelo, el traje que lleva, si es rubia, de ojos azules o bajita... Todo eso es irrelevante para valorar las capacidades de una mujer.

Psicópata

Véase LOCA.

Preguntas

Quiero decir que no formules las preguntas estúpidas que nunca harías a un hombre. Por ejemplo: «¿Los vuelos espaciales afectarán a tus órganos reproductivos?», «¿Qué ropa llevas en el gimnasio?» o «¿Las hormonas afectarán a tu capacidad para desempeñar tu trabajo?».*

Descarada

O la mujer que se atreve a expresar una opinión.

Seminal

Porque todas las palabras relevantes tienen que venir de la entrepierna de un hombre. (Como es obvio, el origen etimológico de esta es «semen».)

---

* Todas estas son preguntas que se han formulado a políticas y astronautas.

Chillona

Una palabra que, junto con sus hermanas «gritona» y «escandalosa», se usa el doble de veces aplicada a las mujeres.

Putón

Ella es un putón y él un machote. ¡Alerta de doble rasero!

Irritable

En mi vida he oído que llamaran a un hombre así, ¿y tú?

Arrogante

Un calificativo que se aplica a las mujeres, a menudo negras, que dicen lo que piensan.

Vagina

¡Qué gran palabra! Excepto cuando su hermano el «c...» (a lo grande) se usa para describir algo que es un aburrimiento (o la parte del cuerpo que cierto presidente cree que no pasa nada por «agarrarlo»). Si hay algo opuesto a aburrido, es la vagina. Intenta sacar un bebé de ahí empujando y ya verás qué bien te lo pasas.

Equilibrio entre trabajo y hogar

Una expresión absurda basada en alguna idea prehistórica sobre lo que significa compatibilizar tu vida laboral y personal. En resumen: imposible.

Hablar como grullas

O: hablar mucho de manera molesta. El estereotipo: son las mujeres las que más lo hacen. La verdad: cuando las mujeres y los hombres están juntos, son los hombres los que más hablan, como grullas o no. ¡Chúpate esa!

Quinta parte

QUE TE DEN. PÁGAME

Una chuleta PARA NEGOCIAR

(Arráncala del bloc y métetela en el sujetador)

«Me siento sucia de inmediato si pido dinero.»

Eso dijo una escritora mientras explicaba a un grupo de amigas reunidas en una sala de estar de Manhattan que estaba intentando reunir el valor necesario para pedir a su editor un contrato.

«Quiero que me paguen por escribir, pero me veo a mí misma diciéndome: "Solo soy una escritora pésima". En lo que se refiere al dinero, siento que no lo merezco.»

La mujer que hablaba podía haber sido una versión más joven de mí misma. Y, sin embargo, la conversación no estaba sucediendo dentro de mi CLF, sino en un grupo de concienciación de 1970, grabado para el *New York Times*. Ay, qué poco han cambiado las cosas.

Negocié mi primer sueldo después de descubrir lo que un amigo mío ganaba haciendo más o menos el mismo trabajo. Y eran miles (no, decenas de miles, de hecho) de diferencia a su favor. Nadie me pasó una notita anónima diciéndome que yo cobraba menos, como sí le sucedió a Lilly Ledbetter, la empleada de Goodyear por quien se ha renombrado la Ley de Igualdad de Sueldos estadounidense. Fue todo mucho más benévolo. Simplemente se lo pregunté un día cuando estábamos hablando de nuestros trabajos y me lo contó. Cuando se dio cuenta de cuánto menos estaba cobrando yo, me animó a que pidiera más.

Aun así, nunca antes había pedido un aumento, y la idea me aterraba. No se nos enseña a negociar en el colegio. Así que empecé a hacer listas y a documentar cada uno de mis logros que se me pasara por la cabeza. Pedí a los editores a los que les gustaba mi trabajo que me respaldaran. Corregí y volví a corregir mi lista. Luego me obligué a enviar un email a mi jefe en el que le pedía una reunión para hablar sobre «mi futuro». Durante las siguientes seis horas comprobé mi bandeja de entrada como una loca, mientras me

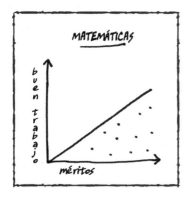

reprendía a mí misma por haberlo hecho. «¿Y si se niega? ¿Y si me considera demasiado atrevida? ¿Y si no me responde?»

No hay ninguna manera fácil de negociar. Siempre es un latazo. Es complicado, te genera ansiedad, hace que te sientas incómoda, es arriesgado... Y no importa si eres mujer u hombre. Algunas personas son buenas haciéndolo, algunos frikis puede que hasta lo disfruten, pero la mayoría de la gente que conozco preferiría hacer cualquier otra cosa (y, de hecho, a menudo lo evitamos, y así nos va).

Con todo, si eres mujer negociar es otra historia. Puede que nos sintamos cómodas hablando de nuestros hábitos en el aseo o de orgasmos, pero en lo que respecta al dinero de repente nos cerramos en banda. Eso, y que tenemos que enfrentarnos a un laberinto absurdo de desafíos... incluso cuando en ocasiones el mejor consejo que recibimos es que nos «conformemos» con lo que se nos pide de acuerdo con el estereotipo de género (ya sabes, como... ¡sonreír!).

Yo obtuve el aumento la primera vez que lo pedí, pero negociar nunca ha sido para mí una tarea fácil. Simplemente, no me gusta hacerlo. Pero a estas alturas he investigado lo suficiente para saber que tengo que hacerlo... y que hay muchas tácticas que todas nosotras debemos aprender, incluyendo ser conscientes de que las mujeres somos mejores negociando cuando se nos dice que somos capaces.[1] Así que aquí me tienes, ¡diciéndote que adelante!

No aceptes mis consejos porque creas que soy buena negociando. Tenlos en cuenta, en cambio, porque soy una negociadora patética... y eso quiere decir que he leído todo lo que he podido para aprender a hacerlo mejor.

DÉJATE DE EXCUSAS

Sí, yo ese juego lo conozco. Excusas como:

- Voy a irme de todas formas.
- No es el momento adecuado.
- No estoy segura de lo que quiero.
- Soy mala negociando.
- La empresa no va muy bien.
- Esa persona me odia.
- No quiero que me digan que no.
- No trabajo lo suficientemente bien.

Si tu excusa no está entre las anteriores, no pasa nada. Sea cual sea, hazte la siguiente pregunta: «Si hago esto, a pesar de todas las razones convincentes que me indican que no debería, ¿qué sería lo peor que podría pasarme?». A esa pregunta contestaré por ti: lo peor sería que tu jefe te dijera que no. Y ¿qué harás si tu jefe te dice que no? Te daré tres opciones: puedes replicarle que estás decepcionada, preguntarle qué deberías hacer para mejorar y efectuar un plan de seguimiento dentro de seis meses. Eso... y empezar a buscarte otro trabajo. O largarte. No será el fin del mundo, elijas lo que elijas. Así que ¡déjate ya de excusas!

A QUÉ TE ENFRENTAS

La brecha salarial es real

Hoy en día en Estados Unidos* las mujeres que trabajan a tiempo completo reciben en promedio setenta y nueve centavos frente al dólar que perciben los hombres. Y si se considera la raza, las afroamericanas ganan sesenta y cuatro centavos y las hispanas cincuenta y cuatro.[2] Hay muchos argumentos en contra de esos datos, principalmente que no se tiene en cuenta el tipo de trabajo o que las mujeres cogen la baja por materidad. Ambas cosas son ciertas. Pero ¿sabes qué? Incluso cuando sí se tiene en cuenta el tipo de trabajo, y se comparan mujeres sin hijos con hombres que se graduaron en las mismas universidades que ellas, y se contabilizan cosas como el promedio, las horas que trabajan y los absentismos, esa brecha continúa. Sirva de ejemplo constatar que en su primer año fuera de la universidad las mujeres ganarán un 93 por ciento menos que sus compañeros varones.[3]

LA BRECHA SALARIAL EN ESTADOS UNIDOS

HOMBRE BLANCO   MUJER BLANCA   MUJER NEGRA   MUJER HISPANA
1 $ 79 centavos   64 centavos   54 centavos

---

* Véase en «Notas» información adicional a esta edición.

Las mujeres no piden

Pues sí. Las mujeres son un cuarto menos proclives que los hombres a negociar el sueldo y, cuando lo hacen, piden menos dinero,[4] a pesar de que hay estudios que demuestran que a los empleados que negocian se los asciende de media diecisiete meses antes que a los que no.[5] No pedir no solo fomenta la brecha salarial, sino que también contribuye al prejuicio que impide a las mujeres preguntar en sí.

Las mujeres que piden son «agresivas»

Las mujeres que negocian tienen más posibilidades de que se las considere agresivas y, en algunos casos, tienen menos posibilidades de conseguir el trabajo.[6]

Cuidado con los parlanchines

A las mujeres se les miente con más frecuencia que a los hombres durante las negociaciones, tanto si el interlocutor es hombre como mujer. Por ejemplo, se les dice: «Ahora mismo no tenemos presupuesto» o «Este no es buen momento», cuando en realidad es tan apropiado como cualquier otro. Es interesante añadir que, si bien tanto los hombres como las mujeres[7] mienten con frecuencia, algunos estudios evidencian que, en general, ellas mienten más para evitar emociones, mientras que ellos lo hacen para ahorrarse dinero, ganar una discusión o conseguir lo que quieren, todo ello imprescindible en una negociación. Aguza el oído en todas las conversaciones: ¿qué te suena a mentira? Estate preparada para cuestionar (respetuosamente) las respuestas con pinta de trola.

PREPARA EL TERRENO

Haz una lista

La única vez en la que de verdad puedes pasar a alguien un trozo de papel (o mandárselo por email) con todo lo que has conseguido es durante una negociación. Ten en cuenta que debes incluir en tu lista lo siguiente:

- La manera en la que has contribuido a mejorar la imagen o incrementar los beneficios de tu empresa
- Ejemplos concretos de tu contribución
- Datos que evidencien esa contribución, como un informe de ventas o el email de un jefe o un cliente en el que te felicitaron por tu trabajo, o algo más

Haz que tus compañeros estén de tu parte

Contacta con todas las personas que puedan influir en tu negociación y averigua si estarán dispuestas a defenderte después de que hayas hecho tu petición y si darán una evaluación positiva de ti si tu jefe les pregunta. Puede que esas personas no desempeñen un papel activo en tu negociación, pero piensa en ellas como un respaldo si esta se pone tensa.

Averigua el sueldo medio

Es posible que no te sientas cómoda preguntando a un compañero cuánto gana (además, quizá hacerlo sea contrario a la política de la empresa). Pero averigua lo esencial (internet te será de gran ayuda) sobre el salario medio; de ese modo no solicitarás una cantidad ridícula. Las investigaciones de Linda Babcock y Hannah Riley Bowles, catedráticas de Carnegie Mellon y

Harvard respectivamente, han revelado que las mujeres tienen más éxito negociando cuando hay menos ambigüedad sobre los estándares apropiados. Así pues, cualquier tipo de referencia, a nivel de todo el sector o solo en el ámbito de tu propia empresa, puede venirte bien.

Planifica cuándo pedirlo

No puedes irrumpir en el despacho de tu jefe cuando te dé la gana para pedirle un aumento. No negocies si estás resentida o enfadada por algo que haya pasado en el trabajo. Por otra parte, tómate tu tiempo para reflexionar acerca de cuál es el estado de ánimo ideal de tu jefe (no lo arrincones en el baño de mujeres). El mejor momento, por supuesto, es justo después de que hayas hecho algo genial. Es todavía mejor si esa genialidad sucede poco antes de tu evaluación anual (o una revisión similar). Si no es así, ¿tienes ya marcado un calendario de evaluaciones? ¿Puedes esperar hasta entonces? Valora todas las opciones.

Sé consciente de lo que pides

Asegúrate de que tienes en mente una petición concreta —una cantidad de dinero, un puesto específico, un bonus— antes de empezar la reunión con tu jefe. Puede que no te haga falta exponerla, pero de lo que se trata es de evitar que te encojas de hombros cuanto te pregunte qué quieres. No le cedas las riendas de la negociación por no saber con exactitud qué quieres, ya que tu jefe estará encantado de tomar esa decisión por ti.

CONCIERTA UNA REUNIÓN

No te abordes a tu jefe cuando esté comiéndose su bocata de pollo y te lances a exponerle tu caso. Acércate a él, o a la persona con quien quieres tener la conversación, y concierta una reunión. Las mujeres tienden a ponerse más nerviosas que los hombres cuando se acercan a su jefe, así que aquí tienes algunas consideraciones previas para que las tengas en cuenta:

- ¿Es apropiado contactar por email? Algunas personas consideran que es la mejor manera de evitar ponerse nerviosas. Si es tu caso, envía un correo cortito solicitando una reunión, sin olvidar exponer el motivo de la misma. No tienes que decirle a esa persona que quieres un aumento, pero sí puedes soltar algo así como: «Me gustaría tener una reunión para [hablar/revisar/ponernos al día] sobre mi [evolución/evaluación/ bonificaciones]».
- ¿Crees que tu jefe respondería mejor si se lo preguntas en persona? Entonces encuentra el momento adecuado para ir a su despacho.

TÁCTICAS DE NEGOCIACIÓN PARA TODOS

¡Juega la primera carta!

Que no te asuste ser la primera en mostrar un número... y siempre pide más de lo que esperas recibir. Según puso de relieve un estudio, por cada dólar de más que una persona ponía encima de la mesa primero, la cantidad aumentaba unos cincuenta centavos más en el acuerdo final.[8] Me gusta este lema de la ejecutiva de publicidad Cindy Gallop: «Deberías pedir la cantidad más elevada que seas capaz de pronunciar sin que te dé un ataque de risa». El objetivo no es que tu jefe también se muera de risa (porque le hayas planteado algo absurdo), sino empezar una negociación en el punto más alto para así tener margen a la hora de rebajar tu proposición, si es necesario.

Negocia todo, no por partes

Ten en cuenta que una negociación no gira solo en torno al dinero. También son importantes otros aspectos: beneficios, flexibilidad de horario, prestaciones por tener hijos al cargo, vacaciones, planes de pensiones, tiempo pagado para terminar la carrera o hacer un máster e incluso que la empresa corra con los gastos de esos estudios. Conseguirlo está a tu alcance. Empieza a lo grande, pero ten preparadas alternativas más pequeñas (y no, ¡los tentempiés no cuentan como compensación!). Debes estar preparada para presentar cada parte, y baraja la posibilidad de plantearlas por orden de importancia, pero guárdate alguna por si te deniegan todas las demás.

Diseña tu petición

No hay ningún consejo para negociar que sea infalible en todas las situaciones y con todo el mundo, así que, mientras vas preparando cada paso, recuerda con quién vas a lidiar. Cuando llegue el momento de plantear tu caso ten en cuenta a tu jefe, sea con el lenguaje que uses, la manera en la que le presentes tus logros (de acuerdo con lo que sabes que él valora más) o exponiéndole a quiénes necesitas a tu lado (personas en las que él confíe) para que todo vaya como esperas.

Anticípate a las objeciones

Y ten preparada una respuesta para cada una. Si tu jefe te dice: «Hemos tenido un trimestre muy difícil» o «No estoy seguro de que puedas asumir esa responsabilidad», plantéale lo mismo pero de otra manera. Incluso si estás pidiendo algo que sabes que difícilmente conseguirás, ten a mano una respuesta balsámica (o ve directamente a las páginas 205-208, «Qué narices decir», donde hallarás respuestas para algunas objeciones en concreto).

No te marques un farol

Si vas a jugar la carta de «tengo otra oferta de trabajo» decide antes si estás dispuesta a irte si no consigues lo que deseas. No descartes la posibilidad de decir eso a tu jefe, si de verdad no quieres aceptar la otra oferta. («Tengo esta otra oferta, y realmente no quiero aceptarla, así que espero que lleguemos a un acuerdo con el que ambas partes quedemos satisfechas...»)

Debes saber cuándo dejar de hablar

Pon la oferta sobre la mesa y luego cállate. Deja que sea tu jefe quien dé el siguiente paso.

TRUCOS DE NEGOCIACIÓN PARA LAS MUJERES

Enfatiza el «nosotros»

Aunque a las mujeres se las considera unas «prepotentes»[9] cuando negocian en su beneficio, resulta que tienen éxito si lo hacen en nombre de otras personas porque no se comportan como unas egoístas. ¿Cómo conseguir, pues, esa atmósfera de «en nombre de otros» para tu propia negociación? Sustituyendo el «nosotros» por el «yo»: «Nos sentimos muy satisfechos por los logros que hemos conseguido este año», seguido por cómo has contribuido tú al éxito del equipo.

Haz que todo gire en torno a la colaboración

Esto no se trata de una pelea por unos beneficios que se te han negado; se trata de ser parte integrante de un equipo y trabajar juntos para llegar a un acuerdo beneficioso mutuo. A la hora de negociar con tu jefe, hazle saber que estás de su lado.

Edulcóralo

Sí, del mismo modo que se supone que no debemos edulcorar nuestro lenguaje. Pero es que algunos estudios han revelado que edulcorar la manera de pedir las cosas puede contrarrestar la tendencia a penalizar a las mujeres cuando negocian. Un guion que la experta en negociación Hannah Riley Bowles sugiere: «No sé con cuánta frecuencia negocia la gente de mi nivel, pero espero que veas mi habilidad para hacerlo como algo importante que puedo aportar al trabajo».[10] Básicamente se trata de disfrazar tu avariciosa y poco femenina necesidad de pasta como un valor profesional añadido.

Justifica tu petición

Los hombres no precisan de la recomendación de otra persona para tener éxito en sus negociaciones, pero las mujeres con frecuencia sí. Una posibilidad es: «Mi jefe me sugirió que hablara contigo...». Una sugerencia aún más poderosa: remarcar el hecho de que la negociación, en tu caso, es un activo profesional («Sé que esperas que yo negocie, ya que mi trabajo aquí es "negociar con los clientes"...»).

Toca el ego de tu jefe

Pídele consejo.[11] Ya sabes cómo va esto: a todo el mundo le encanta oírse a sí mismo hablar... por lo menos un poco. Puede ayudarte a darle la vuelta al guion. Conseguirás así que tu jefe se implique emocionalmente en alcanzar un buen acuerdo para ti.

Al mal tiempo, buena cara

Las mujeres no deberían tener que recurrir a esta estratagema, pero te lo cuento para que dispongas de toda la información: en un experimento en el que mujeres y hombres pidieron un aumento usando el mismo lenguaje, Linda Babcock, catedrática de Carnegie Mellon, descubrió que a ellas se las tachaba de agresivas a no ser que, mientras negociaban, sonrieran,[12] o bien hiciesen algo que también pudiese transmitir calidez y cordialidad. Si lo pones en práctica, procura no pensar que estás cayendo en un estereotipo de género y limítate a sonreír mientras imaginas ya tu fabuloso futuro.

Recarga tu tarjeta de mujer

¡Te garantiza un 21 por ciento de descuento! Es broma. Pero hablar con franqueza sobre los prejuicios de género no tiene por qué ser necesariamente malo. Tengo una amiga, directora de cine, que cuando negoció su sueldo soltó lo siguiente: «Si hacemos caso de algunas investigaciones, sé que voy a gustaros menos después de esta negociación. Solo quería aclararlo antes de empezar». Se expresó con cordialidad, casi despreocupadamente y, aun así, fue capaz de abordar los prejuicios que no la beneficiaban.

¡No te retires!

Las mujeres son más propensas a transigir rápidamente,[13] pero no lo hagas. No aceptes sin pensar la primera oferta que te pongan encima de la mesa, y ten en cuenta que en ocasiones una sola ronda de negociaciones no es suficiente. Lo pillo, estás desesperada por que acabe. Pero si te quedas con la primera oferta entonces no estás negociando. Empieza por agradecer a los presentes en la reunión su asistencia, llévalos a pensar en otro asunto, y así tendrás tiempo de planear tu próximo movimiento.

Practica

Delante del espejo, con un amigo, con el iPhone, con lo que sea... Necesitas visualizar tu triunfo y quitar hierro a la negociación.

Qué narices decir:
UN GUION

DI ESTO

Al citar una cantidad

- «He investigado un poco, y parece que el salario habitual para alguien de mi nivel es _____.»

- «Según [la fuente que elijas para informarte], el sueldo estándar es _____.» (Habla de datos del mercado, no de lo que vales. Entra en la reunión bien informada.)

- «Alguien de mi nivel normalmente gana _____.» (Esto es útil porque te da un valor de referencia.)

Cuando expongas tu caso

- «Me siento muy satisfecha por lo que hemos conseguido este año.» (¡Qué buena jugadora de equipo eres, valiente!).

- «Basándome en [aquí pon la mejor prueba que tengas de por qué te lo mereces], me gustaría proponer _____.» (Sigues siendo maja, pero estás yendo al grano.)

- «La tasa de inflación estándar es de _____. Basándome en mi rendimiento del último [período de tiempo], me gustaría negociar un aumento de _____.» (¡Genial! Has hecho los deberes.)

- Si consideras que estás realizando las labores de alguien que cobra más que tú, plantea la negociación en torno a ese dato. «Soy una ayudante haciendo el trabajo de un manager. Me gustaría que mi sueldo estuviese acorde con mi rendimiento.»

- Recuerda: obvia las emociones. Marca el camino basándote en los datos y los hechos.

Cuando los ánimos se caldean

- «Estoy segura de que podemos llegar a un punto en el que ambas partes nos sintamos bien.» (Colaboración, no confrontación.)

- «Creo que nos estamos aproximando.» (Mantente positiva y haz que todo el mundo siga involucrado.)

NO DIGAS ESTO

- «No puedo permitirme vivir en _____.» (A tu jefe no le importa.)
- «Tengo que pagar el crédito de mis estudios.» (Ídem.)
- «Voy a casarme.» (No.)
- «Estoy intentando quedarme embarazada.» (¡Nooo!).
- «He hecho horas extras.» (Todos las hacemos.)
- «Esto es lo que quiero y no aceptaré nada que esté por debajo.» (La negociación comporta transigir.)
- «Necesito _____.» (Vale, pero ¿lo necesitas de verdad? Mejor di: «Me gustaría» o «Propongo».)
- «Lo siento, solo quiero _____.» (No, no, no. ¡No te disculpes por pedir dinero!)
- «No he tenido un aumento o no he pedido nada desde...» (Quejarte no hará que alcances un acuerdo antes. Si es cierto que no has pedido un aumento en cinco años, menciona ese dato después de exponer tu caso basándote en tu trabajo.)
- «Pero estoy haciendo el trabajo de tres personas.» (Si es verdad, ¡enhorabuena!, estás arrasando. Pero intenta transformar eso en un logro en vez de que suene a queja. Necesitas un aumento para que tu sueldo esté acorde con tu volumen de trabajo.)

QUÉ PASA SI DICEN…

«Esto es más de lo que habíamos presupuestado para este puesto.»

- «Lo entiendo. También creo que aporto más que el candidato medio. [Pon aquí de qué manera lo haces.]»

«No creemos que estés preparada para este puesto.»

- «Díganme qué puedo hacer para estarlo.»

«¡Estamos encantados de ofrecerte (una cantidad tan por debajo de lo que querías que parece que te han dado un puñetazo en el estómago)!»

- «Muchas gracias. Estoy encantada con la oferta, pero...»
- «... lo que necesitaría para sentirme cómoda aceptando este puesto es _____.»
- «Si están dispuestos a llegar a _____, estaría encantada de aceptarlo ahora mismo.»
- «Sé que el rango de salario estándar para este puesto es _____, y lo que pretendo es llegar al menos a esa cantidad. ¿Está a su alcance?»

Después de una ronda inicial de negociaciones: «Desafortunadamente, solo podemos ofrecerte_____.»

- Mantente en silencio el tiempo que necesites para respirar hondo. Luego di: «Aprecio la flexibilidad que demuestran para alcanzar un acuerdo. Quiero este trabajo, así que espero que seamos capaces de lograr que ambas partes nos sintamos a gusto». (No, no estás ofreciéndoles un masaje en la espalda. Estás hablando de cuestiones no pecuniarias como acciones, flexibilidad de horario o beneficios sociales.) «¿Hasta dónde pueden llegar respecto a [pon aquí el beneficio que pretendes conseguir]?»
- «Lo entiendo, y estoy deseando aceptar. No obstante, me gustaría acordar una hoja de ruta para revisar los términos dentro de _____ meses. ¿Están abiertos a eso?» (Establece un marco concreto para un potencial aumento.)

Después de muchas rondas de negociación: «Lo sentimos, pero solo podemos ofrecertee_____».

- Pregúntales si pueden compensarte de algún modo (una vez más: acciones, flexibilidad de horarios, beneficios sociales o algo más).
- «Lo entiendo. ¿Qué les parece si acordamos una hoja de ruta para revisar de nuevo los términos dentro de_____ meses?»

CÓMO RESPONDER

Si la oferta es buena:

- Acéptala y ponte a trabajar. Si un jefe mueve ficha para que tú tengas lo que pediste, sé agradecida y responde positivamente. A veces se necesita una toma de decisión rápida.

Si no estás segura:

- «Muchas gracias por la oferta. Necesito unos días para pensármelo/sopesar mis opciones.»

Si aun así no es lo suficientemente buena:

Si es un trabajo en el que ya estás:

- Coge lo que te ofrecen y pide que se reevalúe la situación en seis meses.

- Coge lo que te ofrecen y empieza a buscar un nuevo empleo de inmediato.

- Abandona esa empresa desalmada y no mires atrás. Por supuesto, primero plantéate si puedes permitírtelo, porque quizá debas aguantar un poco más hasta que encuentres otro trabajo.

Si por lo que estás negociando es por un puesto:

- Coge lo que te ofrecen y pide que se reevalúe la situación en seis meses.

- Di «no» como táctica. Pero ten en cuenta que solo funciona si de verdad eres capaz/estás dispuesta a largarte. Sea como sea, en una negociación larga puede ser efectivo, ya que a veces es lo único que consigue que la otra persona entienda lo que estás pidiendo.

- Lárgate. Y cuando escribas un «¡me piro!» formal, muestra tu descontento pero sin cerrarte esa puerta. Di, por ejemplo: «Aprecio que hayáis peleado por mí. Desgraciadamente, no puedo aceptar esa cantidad, pero espero que volvamos a coincidir en el futuro. Gracias y, por favor, no dudéis en llamarme si la cosa cambia». Como dice Beyoncé: la mejor venganza es ese papel.

- Si te hacen una contraoferta con algo bueno, acepta y ponte a trabajar.

¡ENHORABUENA! HAS NEGOCIADO. AHORA AYUDA A OTRA MUJER.

Después de que Jennifer Lawrence se enterara de que cobraba mucho menos que sus compañeros varones y lo denunciara en un artículo, Bradley Cooper anunció que empezaría a hacer público su sueldo para dejar clara la brecha salarial. Esto es lo que tú puedes hacer:

Haz saber cuánto ganas

Una periodista que conozco ha empezado a mandar emails a las mujeres que escriben para los mismos medios que ella, ofreciéndose a decirles cuánto cobra, sin que tengan que responderle. «Si les pagan más que a mí, genial, no tienen que decírmelo. Si les pagan menos, bueno, por lo menos deberían saberlo —me explicó—. Ha sido una táctica muy útil, franca y solidaria.»

Crea una oficina de información

Una exingeniera de Google hizo una hoja de cálculo interna en la que ella y sus compañeras anotaron lo que cobraban. A los jefes no les gustó, pero sirvió para que los empleados empezaran a pedir y a recibir aumentos basándose en los datos de aquel documento. Otras empresas han intentado fórmulas parecidas.

¡Habla de tu sueldo!

¿Cómo puedes saber a qué te enfrentas si ignoras lo que ganan los demás?

Sexta parte

¿QHJ?
¿QUÉ HARÍA JOSH?

COMPÓRTATE con la CONFIANZA de un HOMBRE BLANCO del montón

Durante muchos años tuve un amigo, un compañero de trabajo, que se llamaba Josh. Era el rey a la hora de conseguir lo que quería, desde expresar con tranquilidad una idea que se le había ocurrido sobre la marcha, mantener la calma cuando la fastidiaba de manera estrepitosa, hasta lograr irse de un departamento donde odiaba el trabajo que hacía para que lo trasladaran a otro (con un puesto mejor y aumento de sueldo). Pero mi historia favorita de Josh es la que tiene que ver con su estrategia para conseguir sitio en los restaurantes: llamaba haciéndose pasar por su propio ayudante y le decía a la inocente recepcionista:

**—Sí, hola, soy... David. Te llamo de la oficina de Josh [...]
Quiere una mesa para tres...**

Gracias a esa táctica, conseguimos comer fenomenal en restaurantes en los que, de otro modo, no habríamos logrado entrar. Por supuesto, yo nunca me atreví a llamar a esos sitios.

Al final, las mujeres (y los hombres) de nuestra oficina empezamos a usar la sigla QHJ por Josh, y nos lo repetíamos cada vez que nos metíamos en un lío: «¿QHJ?» (¿Qué haría Josh?) Observábamos cada cosa que hacía casi como si se tratara de un experimento social. Con el tiempo me di cuenta de que su manera de actuar en cualquier situación laboral era opuesta a lo que yo haría.

En las reuniones Josh empleaba un arsenal de estratagemas. Para empezar, siempre se sentaba a la mesa lo más cerca posible del jefe, y llegaba a la hora exacta, cuando no un poco antes para asegurarse de que conseguía ese sitio. Luego, cuando todos empezaban a hablar en voz alta, intentando quitarse la palabra los unos a los otros, Josh volvía el rostro hacia el jefe y le hablaba a él directamente, con calma y en voz baja. Los demás nos quedábamos pasmados, preguntándonos cuál sería el secreto que se traían entre manos. Lo cierto es que esa táctica ayudó a Josh a forjar su poder en la sala.

☆ *Siéntate en mí* ☆

Las revistas se centran a menudo en el teatro político de las «reuniones de ideas», que por lo general consisten en congregar a todos los editores séniors y a los articulistas, convocados por la persona al mando. Se espera que todos los asistentes aporten ideas sobre alguna historia y que cada uno de ellos transmita al resto de la sala sus propuestas (en realidad, son a menudo presentaciones de ventas de tu creatividad y tu capacidad para seleccionar historias). Era una competición pública. La mayoría de las semanas, antes de las reuniones de ideas, yo me ponía de los nervios. Se me ocurrían unas doce propuestas, luego reducía mi lista a seis, después a tres, y cambiaba el punto de vista de cada historia media docena de veces.

¿Qué hacía Josh? Preguntaba qué ideas tenían los demás —incluso a compañeros de otros departamentos, a escritores externos y a corresponsales de agencia que no estarían presentes en la reunión— y después las presentaba en nombre del grupo. A continuación llevaba a cabo una campaña despiadada antes de la reunión para que todos apoyaran dichas ideas. Semana tras semana, Josh salía de la sala con al menos un proyecto —para él o para alguien más—, mientras que yo me quedaba atascada en una espiral frenética de duda interior, escribiendo y tachando las mismas tres ideas que había presentado.

A pesar de todo, Josh era un gran tipo en el terreno personal. A menudo organizaba fiestas en su casa, y se mostraba como un anfitrión generoso y sociable. Pero en el terreno laboral le importaba un bledo caer bien o no. Nunca se apuntaba a una idea o una iniciativa si no le reportaba un beneficio evidente. Si quería formar parte de un proyecto, o deseaba crear un nuevo puesto, no esperaba a que le preguntaran. Tomaba la delantera y se ponía manos a la obra.

Recuerdo que la primera vez que compartí reunión con Josh en la misma sala pensé: «¿Quién se cree que es este tío?». Y luego caí en la cuenta de que podía aprender de él. Así que dejé a un lado el mosqueo y empecé a tomar notas.*

---

* ¿Sabes quién más tomaba notas sobre los hombres? Frances Perkins, la secretaria de Trabajo de Estados Unidos durante la presidencia de Franklin D. Roosevelt, y la primera mujer que formó parte de un gabinete de la Casa Blanca. Al principio de su vida profesional, tomaba notas sobre sus compañeros y las guardaba en un sobre rojo enorme con la etiqueta «Notas sobre la mente masculina».

¿QHJ?:
FINGIR HASTA CONSEGUIRLO

Pasa constantemente: un tío que se postula para un ascenso que no merece, que se excusa para no tener que hacer una tarea de mierda, o que parece tan confiado que todo el mundo cree que es el jefe, cuando no lo es ni mucho menos. Es el becario que compite por conseguir un trabajo a tiempo completo y que se hace llamar «investigador jefe», mientras que su colega femenina que compite por un trabajo similar se hace llamar «becaria de investigación». Técnicamente, las dos cosas son verdad, si es que son los únicos (y, por tanto, jefes) investigadores de la plantilla. Pero nuestro candidato masculino tiene lo que podríamos denominar «jeta», que no es lo mismo que llamarlo «liante». Y tú también puedes tenerla.

IMÍTALO

👊 Aparenta seguridad aunque no la tengas

Seguro que no te sientes segura, pero si fueras Josh, te asegurarías de aparentar que sí. Es un secreto del que se dio cuenta la ejecutiva de Wall Street Carla Harris al comienzo de su carreta, después de que una mentora le dijera que cuando no sabía algo se le notaba «demasiado dispuesta a demostrarlo». «Si aparentas inseguridad sobre un hecho, o en la respuesta a una pregunta, la gente empieza a dudar sobre si sabes lo que estás haciendo», le explicó aquella mujer. ¿Qué hizo ella? Simplemente cambió su tono para aparentar más seguridad.[1] Las medias verdades con confianza ganan a las verdades absolutas, al menos en la mayoría de las ocasiones.

👊 Expresa un exceso de confianza sincero

Este es un dato estadístico que cito con frecuencia: una mujer se postulará para un puesto si, y solo si, cree que reúne la totalidad de los requisitos —y eso es el puñetero 100 por ciento— que se exigen para ese trabajo. Pero ¿un hombre? Se postulará si ya alcanza el 60 por ciento.[2] A lo mejor es fruto de lo que un estudio llamó «exceso de confianza sincero», por el que los hombres puntúan su rendimiento mucho mejor de lo que es en realidad, mientras que las mujeres minusvaloran el suyo.[3] ¿Quién está verdaderamente preparado para el puesto? Esa es la gran pregunta. Pero podemos asumir que la mayoría de los responsables de los departamentos de Recursos Humanos nunca lo descubrirán, porque tú nunca les habrás mandado tu currículum.

Sé tu propia mujer a imitar

Hasta Beyoncé tenía un alter ego —Sasha Fierce— que la ayudó a desarrollar más confianza sobre el escenario. La mayoría de nosotras no salimos del vientre materno con una confianza firme como una roca. Pero hacer como si la tuvieras, aunque no sea así, no solo convencerá a los demás de que eres competente, sino que puede llevarte a ganar confianza. Si no eres capaz de hacerlo por ti misma, inténtalo por tu alter ego... y sácale el máximo provecho.

¿QHJ?:
FRACASAR

Es una lección que en Silicon Valley se han tomado muy en serio: según un estudio de Shikhar Ghosh, un profesor de Harvard, más de un tercio de las *start-ups* de capital riesgo se mantienen gracias al dinero de sus inversores, y entre el 70 y el 80 por ciento no consiguen resultados.[4] Pero los fundadores de esas *start-ups* no ocultan sus fallos; al contrario, hacen alarde de sus fracasos en blogs o se reúnen para hablar de ellos en conferencias como FailCon. ¿Sabes qué más tienen en común la mayoría de esas *start-ups*, además del fracaso? Que están dirigidas por.... exacto, hombres.

El miedo femenino al fracaso empieza pronto. Los estudios de la psicóloga Carol Dweck revelan que, ya en primaria, las chicas tienden a rendirse antes que los chicos, más aún cuanto más alto es su cociente intelectual. El miedo no disminuye con la edad, sobre todo en los campos dominados por hombres, en los que las aportaciones que las mujeres hacen tienden a juzgarse con más dureza. Y cuando una mujer falla, tiende a creer que es por algo personal[5] —vamos, que no vale una mierda—, mientras que los hombres lo ven como algo circunstancial (lo que es una mierda son los negocios).

Pero no todo es negativo. El miedo de las mujeres al fracaso[6] puede animarlas a estar mejor informadas, y dedican tiempo a contrastar sus ideas a fin de aportar pruebas. Pero luego, por supuesto, está el bucle de retroalimentación: la gente que teme al fracaso es menos propensa a expresar sus ideas y a asumir riesgos intelectuales, y lo es más a rendirse. Tienden a evitar retos nuevos y se aferran a lo que saben que hacen bien.[7] ¿Cómo vas a aprender si no pruebas a hacer algo novedoso?

IMÍTALO

🤜 Estás en buena compañía

El piloto de la exitosa y veterana serie *Seinfeld* fue «flojo» en opinión de los responsables de la cadena de televisión que la distribuía, que añadieron que la audiencia no querría volver a verla. A Oprah Winfrey la despidieron de su primer trabajo como reportera. *Harry Potter* se rechazó en la primera lectura, porque los editores pensaron que era «demasiado largo» para ser literatura infantil. En resumen: el mundo está lleno de historias sobre gente que ha tenido éxito, pero que fracasaron en el primer intento, insistieron y entonces lo consiguieron.

🤜 FOMO* fallido

En su libro *Originales*, el profesor de empresariales Adam Grant describe que hay dos tipos de fallos:[8] los que se centran en la acción y los que se centran en la inacción, o lo que es lo mismo, fallar porque no hiciste bien lo que intentaste, o fallar por no intentar nada en absoluto. La mayoría de la gente piensa, antes de tiempo, que serán las acciones fallidas aquellas de las que más se arrepentirá. Pero ¿sabes qué? Cuando la gente habla de lo que más se arrepiente asegura que lo que más lamenta es no «haber hecho algo», o el fallo por no intentarlo, no el fallo en sí.[9]

🤜 Aprende de tus errores

«No hay escuela, ni terapia ni cantidad suficiente de dinero que te dé la sabiduría y la fuerza que obtienes al cometer un gran error», sostiene Rachel Simmons, *coach* de liderazgo en el Smith College. Tiene razón, pues muchos estudios demuestran que aprendemos más de nuestros errores que de nuestros éxitos.

---

* *Fear Of Missing Out*, o «terror a quedarse fuera». *(N. de la T.)*

¿QHJ?:
MANTÉN LA CALMA Y DI SENCILLAMENTE NO

Durante mucho tiempo decía que sí a todo: a tareas que no quería, a tomarme un café con gente con la que no tenía la menor intención (ni remoto interés) de trabajar; peticiones (gratis) a «cómo usar mi cerebro» o «hacer comentarios rápidos», a pesar de que precisamente vivo de mis ideas y mis opiniones. Y no soy la única: a las mujeres les cuesta más que a los hombres decir que no[10] cuando se les pide que hagan cosas, y se las mira con extrañeza, cuando no hostilidad, si se atreven a hacerlo. Es distinto decir que no a un extraño que a tu jefe, por supuesto, así que es importantísimo saber cuál es tu sitio. No obstante, hay tácticas para asegurarte de que tu trabajo no se verá afectado como consecuencia de tu negativa.

La zombi del Sí

La responsable

IMÍTALO

👊 La norma de la reciprocidad

Por cada extraño que te haya ayudado, ayuda a otro en contrapartida. Aun así, dedica un momento a pensar si esa persona es alguien a quien deseas proporcionar ayuda, o bien si la necesita realmente. Si decides que no, ¿puedes negarte? No necesitas ser grosera, pero si es una petición profesional, lo suyo es que lo consideres como una transacción financiera. Pregúntate: «¿Qué saco yo de eso?».

👊 Consigue que ellos hagan el trabajo

¿La persona que está pidiéndote algo quiere que le des tu opinión? Que te envíe una propuesta. ¿Un consejo? Que te diga exactamente qué desea que valores. ¿Una recomendación? Pídele una lista que puedas aprovechar. Las peticiones de ayuda son a menudo poco específicas y vagas, y casi siempre se tarda más en hacerlas que «un momentito». No malgastes tu tiempo intentando averiguar qué es lo que esa persona quiere: que te lo explique.

👊 Hazte con un cronómetro

La fundadora de una *start-up* me dijo en una ocasión que considera cualquier cosa que le suponga más de diez minutos de esfuerzo un trabajo de «consultoría» y, por tanto, que se lo han de pagar. La mayoría de nosotras no somos fundadoras de *start-ups*, y yo al menos he dedicado semanas de mi vida a ayudar a otros si vamos sumando diez minutos. De lo que se trata es de establecer un plazo de tiempo previo, tanto para ti como para la persona que te pide algo.

¿QHJ?:
PEDIR PERDÓN, NO PERMISO

Alexis y Nick trabajan en el mismo sitio, con ocupaciones que exigen ochenta horas semanales y muchísimos viajes. Ambos tienen hijos, y a los dos les fastidia no poder pasar más tiempo en casa.

Alexis va a ver a su jefe y le pide que le reduzca el horario, y él intenta complacerla. Pero Nick se limita a sí mismo el horario: trabaja desde casa un par de días a la semana, se busca los clientes en la zona donde vive para hacer menos viajes y establece pactos con sus compañeros para cubrirse los unos a los otros cuando se van antes a casa. Tanto Alexis como Nick acaban el trimestre con resultados parecidos. Pero cuando llega el momento de sus evaluaciones, a Nick le ponen un sobresaliente y Alexis se queda con un aprobado.

Los nombres son inventados, pero el escenario es real: es de un estudio para una empresa de consultoría hecho por una catedrática de la Universidad de Boston[11] que analizaba el modo en el que los hombres y las mujeres responden ante la cultura agotadora de los *workaholic*; es decir, los adictos al trabajo. Lo que descubrió confirmó lo que muchas mujeres probablemente verán una y mil veces a lo largo de los años en el mundo laboral: que tendemos a ser precavidas, exponemos los hechos y preguntamos si podemos hacer algo, mientras que los hombres se arriesgan y lo llevan a cabo, teniendo claro que al final todo les saldrá bien.

IMÍTALO

«Perdón», no «por favor»

La mayoría de los trabajadores no poseen ni de lejos la misma autonomía o flexibilidad de Alexis y Nick. Si tienes un horario fijo no puedes largarte así como así, sin pedir permiso; si eres el único negro en una oficina de blancos, no te resultará tan fácil escabullirte como a Nick (quien, basándonos en la composición de la mayoría de las empresas de consultoría, debe de ser blanco). Pero las mujeres tienden a huir del riesgo,[12] sobre todo en los campos dominados por hombres y a menudo piden permiso en lugar de limitarse a aceptar que si las cosas van mal siempre pueden decir: «Perdón». Esta misma filosofía puede ponerse en práctica en muchos otros ámbitos: intentar una nueva perspectiva en una tarea laboral, irte antes para llegar a tiempo a tu cita con el médico o probar un caramelo en una de esas tiendas de chucherías gigantesca que parece incitarte a que metas la mano en los recipientes. Cada trabajo es distinto y, al igual que con todos los consejos que te ofrezco, ten en cuenta cuál es tu situación en concreto. En cualquier caso, el objetivo es alejarse de la tendencia femenina de preguntar en lugar de hacer. No distribuyas un memorando con tus planes porque sí. A veces, cuanto menos se sepa, mejor.

¿QHJ? :
SI A LA PRIMERA NO TIENES ÉXITO...

Esto es lo que yo hago cuando oigo la palabra «no» o la palabrería que lo acompaña: volver a mi escritorio (últimamente, el sofá), tirar la toalla, cabrearme, beber algo, llorar, devanarme los sesos pensando qué he hecho mal, enfadarme con la otra persona, conmigo misma, y preguntarme qué podría haber hecho de manera distinta. Esto es lo que Josh hacía cuando oía la palabra «no»: regresaba con calma a su escritorio, hacía acopio de nuevas fuerzas, a lo mejor se tomaba un tentempié y luego decidía cómo replantear la cuestión para que le dijeran que sí. Entonces volvía y lo intentaba otra vez. Esta lección es sencilla: un paso atrás —tanto si es un reto, una respuesta poco entusiasta, un comentario negativo o la palabra «no» tal cual— no siempre conlleva una negativa. Así que vuelve a comenzar. Ve a tu escritorio —o al sofá, o al retrete para minusválidos del aseo de señoras, si es donde piensas mejor— y haz lo siguiente:

IMÍTALO

👊 Dilo como si te importara

¿Expresaste tu idea con los hombros caídos, en un susurro o con un preámbulo autodestructivo como: «No sé si esto es bueno, pero...»? Inténtalo de nuevo. Y esta vez, exponlo como si te importara.

👊 Reformula la petición

Tanto si has preguntado algo como sí has hecho una propuesta, averigua qué partes pueden ser objeto de crítica, y reformúlalas, o bien suprímelas para que tu planteamiento resulte atractivo.

👊 Toma notas para la próxima vez

Un «no» es un «no», de acuerdo. Pero ¿por qué no aprovechas en tu beneficio los comentarios que te han hecho para justificar la negativa; es decir, las razones de ese no? Plantéate si puedes convertirlas en armas que utilices en tu próxima petición, ahora que sabes qué no hacer si pretendes un «sí». Por ejemplo, en la mejor jerga financiera de la que soy capaz: «Me dijiste que andábamos cortos de presupuesto, así que he encontrado una manera de reducir costes...».

👊 No te lo tomes como algo personal

Porque, sí, tendemos a ello (estadísticamente hablando). En situaciones en las que tanto un hombre como una mujer reciben críticas negativas, la autoconfianza y la autoestima de ella cae mucho más abajo.[13] No permitas que te ocurra.

¿QHJ?:
NO ESPERES, PIDE

En su libro *Las mujeres no se atreven a pedir*, Linda Babcock describe a dos tipos de personas: los nabos, aquellas para quienes no tiene mucho sentido pedir lo que quieren (y perciben su entorno como inamovible), y las ostras, las que consideran que las situaciones son adaptables y buscan maneras de mejorarlas (ven el mundo como su ostra).* Seguro que ya has adivinado a qué género se asocia cada grupo, aunque hayas imaginado lo contrario. El libro de Babcock trata sobre la negociación, pero esa idea puede aplicarse a casi todo. Si se necesita pedir cosas.

IMÍTALO

👊 Sé una ostra

¿Te adaptarás/sobrevivirás/seguirás existiendo, aunque esa persona te diga que no? Si la respuesta es sí, entonces pide. Si la respuesta es no, entonces tómate un whisky.

👊 Ten una contrapropuesta para el no

Percibe tu petición en la gama de los grises, no en blanco y negro. Si dicen que no, ¿tienes una contraoferta que hacer? ¿Pueden darte un poco más de tiempo o puedes asumir tú los costes? Plantea estas preguntas —o échate atrás— paso a paso.

---

* *The world is your oyster* significa en inglés que eres capaz de comerte el mundo.

¿QHJ?:
SUPONTE LO MEJOR

Mi amiga Kyla me contó que su marido trabaja en un sector en el que el empleo es inestable, pues los proyectos se anulan y los jefes cambian de parecer, de manera que los empleados sufren las consecuencias. Al parecer, cada seis meses peligra el puesto de trabajo del marido de Kyla, que es trabajadora social, y a ella le da un ataque de pánico. Empieza a buscar un piso más barato y, preocupada por si más adelante deben recortar gastos, cancela todas las vacaciones próximas y hace turnos extras en el trabajo. Es bueno estar preparada, pero ella se pone siempre en lo peor, mientras que su marido aparentemente está tranquilo. Kyla no es una excepción. Las mujeres se preocupan más que los hombres. A buen seguro que el marido de Kyla está preocupado a su manera, pero adopta la aptitud contraria: piensa que todo irá bien, que es listo y capaz, y que, si al final ese trabajo sale mal, sin duda encontrará uno mejor. ¿Y si no es así? Él se sorprende, mientras que Kyla parece haber preparado todo para el peor de los escenarios.

IMÍTALO

👊 Libera tu mente

Lo que tenga que pasar pasará, tanto si te preocupas como si no. Así que reduce algunos gastos innecesarios para curarte en salud, pero no pierdas de vista que quedarte despierta toda la noche no ayudará a que el problema se resuleva; bien al contrario, es probable que te estreses más). Piensa en todo el tiempo que ahorrarías si no te preocuparas. ¿Qué problemas mundiales podrías solucionar —o cuántos episodios de *Broad City* podrías ver— con ese nuevo y liberado estado mental?

👊 El resto ya vendrá

Por lo general, las cosas acaban bien. Pero lo importante en la reacción de Kyla es que ella ya se veía desahuciada. Es posible que su marido tenga que luchar un poco para encauzar su camino profesional, pero no se quedarán tirados en la calle; él está convencido de que les irá bien, una actitud buena, por otra parte, para su salud mental, ya que si pensara que no tiene futuro no acometería la tarea de buscar trabajo en caso de que tuviera que hacerlo.

¿QHJ? :
TÍA, ¿EN SERIO?

Suelo comentar en broma a mis colegas de profesión que llevo escapando de la muerte periodística desde que empecé mi carrera. Adondequiera que vaya, siempre parecen seguirme los despidos, las ventas y las adquisiciones, desde el periódico de mi ciudad, el ya extinto *Seattle Post-Intelligencer*, pasando por el *Village Voice* (lo vendieron) y el *Newsweek* (dejaron de editarla en papel, aunque temporalmente), hasta la plataforma de *blogging* Tumblr (bueno, solo despidieron a la gente de mi departamento). Pero corría entonces el año 2012, me había visto obligada a ser freelance y lo había asimilado. Nunca volvería a tener un trabajo periodístico tradicional.

Y no lo tuve (por lo menos no en aquel momento). Lo que hice en realidad desde mi escritorio en Tumblr, teniendo en cuenta que iban a confiscar el ordenador que usaba al finalizar el día, fue mandar un email a Sheryl Sandberg. Sí. La había entrevistado una vez sobre la negociación y había escrito un artículo sobre su libro. Sabía que había fundado una organización sin afán de lucro y pensé que, probablemente, tendrían que contratar a alguien para ayudarlos a crear contenidos. Mi email fue breve, algo efectista como: «Me han despedido. ¿Qué planes tienes para la fundación? ¿Necesitas un editor?».

Sheryl no lo necesitaba, pero tenía otros puestos vacantes, si bien no me interesaban. Pero me pidió que nos viéramos, y no me pareció adecuado negarme. Así que empecé a convencerme de que la persuadiría de que sí que había un puesto de editor en su organización, y de que solo yo podría desempeñar ese puesto. Una media docena de reuniones y un memorando sobre mí de veinticinco páginas más tarde, lo había conseguido: era mío el puesto para el que me Sheryl había dicho que no necesitaba a nadie.

IMÍTALO

🥊 Bailando sola

Quizá es por el efecto contagio de la cultura de las *start-up*, pero lo cierto es que ahora es más común que nunca que cada cual se labre su propio camino laboral (y Josh lo haría, me complace decirlo, jeje). Él... ella, en realidad, le mandaría un email objetivo a su ídolo profesional, donde le expondría sin rodeos lo que necesita hacer de manera distinta, formulando a continuación un argumento de por qué ella es la persona que podría encargarse de la tarea. Cuando su ídolo le respondiese, ella consideraría la oferta y el requisito de mudarse a San Francisco, lo que ni se plantea, y le explicaría por qué es importante que ella se quede en Nueva York. No tendría escrúpulo alguno en acercarse a esa mujer a la que admira, que está haciendo algo de lo que ella desea formar parte, pues está mentalizada de que no pierde nada por preguntar. Parece que, después de todo, sí que aprendí algo de Josh.

¿Qué tipo de mentiras de mierda son estas?
CÓMO DETECTAR A UN FANFARRÓN

Los tíos del mundo de los negocios son buenos llenando de palabras huecas el aire de modo que parece que saben de lo que están hablando, aunque estén tan en blanco en el asunto como la pizarra delante de la que gesticulan. Pero como no es probable que vayan a prohibir en ningún lugar del mundo a los charlatanes ni la caca que sueltan por la boquita próximamente, he aquí algunos apuntes que ayudan a reconocer a los practicantes de tan dudoso arte.

EL FANFARRÓN Sinérgico

Dice «sinergia» y «ciclo de ventas» sin saber de qué habla. Piensa que «ideatizar» y «decisionar» son palabras, y se niega a reconocer lo contrario.

ESPÍRITU ANIMAL: El conejo

Al igual que el conejo, el Sinérgico excreta un tipo de caca en concreto que no ofende los sentidos si la cantidad es pequeña. Pero si tienes que pasar un día entero con un tipo así, sus cagarrutas irán amontonándose en una enorme montaña apestosa.

EL FANFARRÓN Poeta Hueco

Llena la sala con frases largas, vagas y vacías de sentido, como «volvamos atrás un minuto» o «centrémonos en lo que tenemos al alcance de la mano», y luego aporta un topicazo como «vamos todos en el mismo barco, ¿verdad?».

ESPÍRITU ANIMAL: La paloma

Como en el caso de la paloma, las cagadas del Poeta Hueco caen de manera inesperada en medio de una reunión, dejándote boquiabierta y con la chaqueta hecha un asco.

EL FANFARRÓN Gramático

Le encanta la frase «analicemos esa afirmación» como excusa para descomponerla en las partes que la componen, repitiendo lo que ya has dicho, pero con palabras que puede entender un niño. También es proclive a meter baza al final de la reunión para decir: «Así que, resumiendo...».

ESPÍRITU ANIMAL: El ratón

La caca del Gramático, como la del ratón, es inofensiva y hasta tirando a mona si te tomas como un cumplido que repita tus palabras. Pero demasiados «analicemos esa afirmación» harán que tengas que desinfectarte a fondo las manos.

EL FANFARRÓN Adulador

Se suma positivamente a todo lo que se dice en la reunión sin aportar nada importante. Por ejemplo, dice: «No quiero que nos miremos demasiado el ombligo, pero tengo la sensación de que estamos haciendo grandes progresos». También se complace mostrándose de acuerdo con ideas inteligentes que otros han expuesto, esperando que sus palabras se asocien con la sabiduría de los demás.

ESPÍRITU ANIMAL: El perro

Como un cachorro, el Adulador huele una buena idea y siente la necesidad de mearse en ella para añadir a esta su olor.

EL FANFARRÓN Disruptivo

Usa las palabras «disrumpir», «disrupción» y «tecnología disruptiva» porque cree que le hacer sonar guay. También insiste con frecuencia en «los elementos de acción» y en los «puntos clave».

ESPÍRITU ANIMAL: La vaca

Como él, la vaca no puede evitar excretar una montaña de mierda espantosamente «disruptiva». La buena noticia es que cualquiera con un mínimo de olfato lo detecta con facilidad.

EL FANFARRÓN PowerPointero

Produce ingentes cantidades de presentaciones de Power Point elaboradísimas que luego te pasa en papel. Adorna la apariencia de los contenidos —con diagramas de Venn y fuentes superchulas— confiando en que te distraerán del hecho de que esa presentación es insustancial.

ESPÍRITU ANIMAL: El perezoso

El perezoso tarda días en excretar su caca semanal, recorriendo duros terrenos con follaje, ramas y troncos de árboles para, finalmente, poder hacer su trabajo (en la base del árbol). Es mucho esfuerzo y al final deja al perezoso en una situación vulnerable ante sus depredadores.

EL FANFARRÓN Definitivo

Llega a la reunión sin haberse preparado nada, espera hasta que casi ha acabado y entonces mete baza para cuestionar el motivo por el que se está celebrando este encuentro en particular. «Un momento, chicos, ¿puedo preguntar qué estamos intentando hacer aquí?»

ESPÍRITU ANIMAL: El gato

A escondidas, sin que los detectes, probablemente en una esquina oscura bajo una pizarra blanca, el gato y el Definitivo sueltan su caca, y no la percibes hasta que de repente su hedor te impregna hasta el alma.

Cómo tener capullo sin ser uno:

COMUNICADO DE INTERÉS PENEANO (CIP)

Queridos camaradas masculinos, colegas, tíos, troncos, etcétera:
Concededme, por favor, un momento para explicarme como mujer. Vosotros, los hombres, sois cruciales en esta batalla. ¡Os necesitamos! La vida es un deporte de equipo, y es mixto. Sois la otra mitad de la población, los líderes de nuestras empresas, nuestros políticos y ejecutivos, los padres de nuestros hijos, nuestras parejas y amigos. Y lo más importante es que no podemos derribar el patriarcado sin vosotros, que sois... el patriarcado. ¿Recordáis cuando votasteis que nos dejaran votar? Pues más o menos es lo mismo.

Sé que es un poco raro que os pida que derribéis el patriarcado cuando el patriarcado es El Hombre, y vosotros sois hombres. Es como pedir a una multinacional tabaquera que haga publicidad en contra del tabaco, o a Matthew McConaughey que se ponga una camiseta. Pero que ganemos esta batalla no significa que vosotros la perdáis. No es un juego en el que haya que acumular puntos. Hasta que los robots dominen el mundo, vosotros nos necesitáis, y nosotras también, para hacer que la vida siga su curso.

Además, liberarnos a nosotras significa liberaros vosotros: haciendo vuestras empresas más rentables y cooperadoras, procurando que nosotras ganemos más dinero para que no tengáis que hacerlo vosotros, criando a niños que crecerán más sanos y con más confianza porque tienen madres trabajadoras y padres comprometidos, y ayudándoos a tomar decisiones inteligentes en el trabajo. Si lo hacéis, conseguiréis salir mucho con nosotras, y nosotras olemos fenomenal, normalmente a flores, aunque venenosas.

Sabemos que ser un hombre en los tiempos que corren asusta. Nosotras también tendríamos miedo del *mansplaining*. Pero por eso, precisamente, puede ayudaros el CLF. Hay un montón de cosas sencillas que los tíos podéis hacer a diario para aseguraros de que estáis luchando por la igualdad, y, sobre todo, para estar entre los mejores y más importantes defensores y aliados de las mujeres. Os ofrezco, a continuación, una lista útil para que os sirva de guía. Arrancadla y escondedla en un lugar seguro.

RECONOCEDNOS EL MÉRITO

A las mujeres nos cuesta más que se nos reconozcan como propias nuestras ideas,[14] y a menudo porque alguien (un hombre) las repite a voz en grito. Podríais permanecer en silencio. Pero también podríais reconocernos los méritos, y eso hará que nosotras y vosotros salgamos ganando en el proceso (nosotras pareciendo más listas y vosotros mostrándoos como los jugadores generosos del equipo[15] que sois, ¿verdad?). Nuestras ideas no son memes que podáis reenviar, y nos molesta tener que recordarlo (y acabamos pareciendo unas aguafiestas cuando lo hacemos). Así que hacednos el favor y cedednos el mérito cuando nos lo merezcamos.

SIN DESPATARRE

Nosotras también estamos hartas de oír hablar del *manspreading** —y vale, lo entendemos, parece supercómodo—, pero es verdad que los hombres ocupáis un espacio mayor: de diez a quince grados más en ángulo[16]. Lo pillamos, tenéis más cosas ahí abajo, pero si Gore Vidal cruzaba las piernas, vosotros también podéis. Así que deslizad la silla hacia atrás diez centímetros, ajustad lo que necesitéis ajustar y, por favor, cruzad las piernas.

INTERRUMPID A LOS INTERRUMPIDORES

A las mujeres se las interrumpe el doble que a los hombres. Así pues, dejad de interrumpir o, mejor aún, sed el Interrumpidor de los interrumpidores en nombre de vuestras compañeras. Es tan fácil como decir: «Eh, déjala terminar, ¿no?». Podéis establecer entre vosotros una señal para indicaros cuándo estáis interrumpiéndonos, como hacéis en el béisbol. Es divertido, como lo son los deportes. Y a los tíos os gustan los deportes. ¿Sabéis qué? Que a las mujeres también.

DÉJADNOS HABLAR

Olvidad todo lo que hayáis oído sobre las mujeres parlanchinas... porque no es verdad. Hablamos como vosotros, solo que menos. Te aseguro que en el ámbito laboral vosotros habláis más que nosotras,[17] y en ocasiones no sois conscientes de cuánto más. De modo que, por favor, intentad cerrar la boca lo suficiente para dejarnos terminar. Luego seguid en silencio un poquito más, porque puede que tengamos algo que añadir.

---

* Este término en inglés se usa para referirse a los hombres que ocupan más espacio del que deberían al extender sus piernas mientras están sentados. *(N. de la T.)*

DESARROLLAD NUESTRAS IDEAS

Podéis hacerlo afirmando con la cabeza, repitiendo lo que hemos dicho y expresando en alto lo mucho que os ha gustado nuestra idea, y dándonos la enhorabuena cuando creáis que hemos hecho algo bien (sí, desgraciadamente, la aprobación de los hombres sigue teniendo más valor que la nuestra). También podéis hacerlo con emails en cadena, clicando en «responder a todos» e incluyendo un «sí» o un «de acuerdo». Los emoticonos también valen.

TOMAREMOS UN CAPPUCCINO

Gracias. Sería todo un detalle que nos trajeseis uno cuando os detengáis a coger vuestro café de camino al trabajo —de paso, así no os sentiréis tentados de pedir a una compañera que os prepare uno—. Ah, y no olvidéis preguntarnos qué tipo de leche queremos. También estaría fenomenal que os ofrezcáis a tomar notas en las reuniones. Esas tareas rutinarias suelen recaer en las mujeres,[18] y aunque a nadie le encanta tomar notas, vosotros os beneficiáis[19] cuando lo hacéis (los jefes piensan que sois buenísimos, os suben el sueldo y os ascienden, y bla, bla, bla). Los privilegios masculinos molan, ¿verdad?

INVITADNOS A LAS REUNIONES

Y a cuantas más de nosotras invitéis, mejor. Tendemos a hablar más si hay otras mujeres en la sala, y solemos tener ideas geniales. También olemos bien y ocupamos menos espacio (el *manspreading* otra vez).

MEDID VUESTRAS PALABRAS

No nos llaméis «gruñonas», ni «locas», ni «mandonas» ni «agresivas». Aparte de que nos duele, es un asco. Tened presente que se nos tilda de gruñonas y mandonas por manifestar el mismo comportamiento que vosotros, solo que si vosotros lo hacéis se considera que estáis «aleccionando» o siendo «tíos duros», incluso cuando, en ocasiones, sois unos «pedantes» o unos «capullos». Mientras tanto, por favor, evitad calificativos infantiles al referiros a nosotras: no somos ni vuestra «pequeña», ni vuestra «muñeca» ni, sobre todo, un «bombón».

USAD EL PODER QUE TENÉIS PARA BIEN

Eso significa que, si tenéis potestad para contratar a alguien, o para hacer circular un currículum, no lo hagáis hasta que no contéis con el mismo número de aspirantes femeninas. Todavía sería mejor si solo pasarais currículos de mujeres. Otras formas de emplear para bien vuestro poder: si rechazáis una oferta de trabajo, pensad a qué mujer recomendarías para el puesto. Sed mentores de al menos una.

LAVAD LOS PLATOS

Según revelan algunos estudios, los hombres que colaboran más en los quehaceres domésticos tienen más sexo con sus esposas[20] (¡es verdad!). Sabemos que los roles de género están muy arraigados y, por eso, en las parejas heterosexuales las mujeres siguen haciendo la gran mayoría de las tareas del hogar, a pesar de que en Estados Unidos, por ejemplo, son las que llevan el pan a dos tercios de los hogares del país, lo que las deja exhaustas,[21] resentidas y sin humor para nada. Pero eso no tiene por qué ser así y, de hecho, nos gustaría preguntar a nuestras hermanas y hermanos del colectivo LGBT (o a quienes no se identifiquen con esos casos) cómo lo consiguen, pues hay investigaciones que demuestran que comparten tareas,[22] decisiones y finanzas por igual. Las relaciones se basan en el compromiso, ¿a que sí? Pues míralo desde este punto de vista: yo me despeloto si quieres, pero tú metes mi ropa en la lavadora.

LLEVAD LA MOCHILA PORTABEBÉ

Tener un padre comprometido es bueno para todos los niños:[23] los ayuda cognitiva, emocional, social y, por último, económicamente. Si eres el padre de una niña, tu papel es esencial porque afecta a su autoestima, su autonomía y sus aspiraciones (según un estudio de la Universidad de la Columbia Británica, las hijas que ven a sus padres hacer las tareas del hogar tienden a limitar menos sus aspiraciones profesionales[24] a aquellos campos que se consideran típicamente femeninos, como la enseñanza o la enfermería). Pero no basta con hablar. También tienes que actuar. ¡También a ti te merecerá la pena! Los padres que trabajan pero pasan más tiempo con sus hijos son más felices en sus trabajos.[25] Y más pacientes, empáticos y flexibles... y al menos hay un estudio que afirma que esa actitud puede contribuir a que vivan más tiempo.[26]

TOMAOS TIEMPO LIBRE

Si la política de vuestra empresa contempla la baja por paternidad, sentad un precedente y cogéosla. Si todos los padres se tomaran tiempo libre para cuidar a sus hijos, conciliar la vida laboral y la familiar no sería un problema de las mujeres.

APOYAD A LAS EMPRESAS QUE APOYAN A LAS MUJERES

Las empresas que cuentan con más mujeres en puestos de poder tienen más éxito: son más cooperativas,[27] más rentables[28] y más inclusivas.[29] Y tener a más mujeres en puestos de liderazgo puede animarnos a sacar adelante nuestras ideas. También olemos mejor (¿lo había dicho ya?). Así que, si eres de los que se compra zapatos «ecológicos», gomina «sostenible» o café «de comercio justo», ¿por qué no aplicas ese idealismo a las empresas que apoyan a las mujeres?

UN DÍA EN LA VIDA DE UN HOMBRE LIBERADO

CLF PARA SIEMPRE

Conclusión

HERMANAS DE ARMAS

Sea lo que sea que elijas, por muchas carreteras que recorras, espero que optes por no ser una dama. Espero que encuentres alguna manera de romper las normas y que te metas en todos los problemas que puedas.

Nora Ephron

Hubo un breve período de tiempo en 2014 en el que algunas de las mujeres de mi Club de la Lucha parecimos tocar fondo a la vez. Yo acababa de poner fin a una relación de ocho años, me había hecho freelance y trabajaba en mi apartamento, léase: mi cama. Cuando no estaba demasiado deprimida para salir de entre las sábanas, me volvía loca para cuadrar cuatro empleos diferentes, y me había salido un extraño sarpullido por causa del estrés.

Una tarde, dos de las chicas del CLF me obligaron a salir de casa por mi salud mental. Quedamos en un café del East Village y, después de pedir, cada una de nosotras sacó su frasco de pastillas prescritas (antidepresivos, probióticos, Tic Tac), nos las tragamos con el café y luego estuvimos hablando diez minutos sobre nuestros movimientos intestinales. Todas teníamos colon irritable por culpa del estrés.

Ahí estábamos Amanda, Asie y yo. Amanda, una guionista de comedias, después de buscar un nuevo empleo durante meses y no encontrarlo, había renunciado al que tenía, en el que se ahogaba en la mierda. Por fin era «libre», pero no vivía de esa libertad, así que estaba desesperada por que le informáramos de cualquier trabajo del que nos enteráramos. Asie, una maquilladora y estilista de cine, estaba embarazada de cuatro meses y tenía serias dificultades para esgrimir esa sonrisa de «qué maravilla, ¡el regalo de la MATERNIDAD!» que se supone que tienes que mostrar cuando la gente te felicita. Estaba contenta, sí, pero también aterrorizada por lo que el bebé podía suponer para su carrera. Ya le habían dado náuseas en el trabajo. Estaba hipersensible con los olores, y una maquilladora tiene que trabajar continuamente a pocos centímetros de la cara de la gente.

Le pagamos la comida a Amanda, y esta abanicó a Asie con un menú cuando pensó que se pondría a vomitar por toda la mesa. Asie me aconsejó que me lavara el pelo. Y entonces nos empezamos a partir de risa.

En cierto sentido, esa era la belleza del Club de la Lucha: que cada una de nosotras, en algún momento, habíamos estado oprimidas, sin trabajo, sin rumbo, arruinadas, sin ducharnos o sintiéndonos fatal. Y al igual que nos apoyábamos las unas a las otras cuando las cosas iban bien, también podíamos consolarnos cuando iban mal. Muchas del grupo tenían éxito, pero ninguna disfrutaba de él todo el tiempo. Según Amanda: «Eso es lo que lo hacía tan bueno: que todas estábamos en ello, joder. Podíamos celebrar nuestros triunfos, pero también hablar de las miserias de cada una».

Y nuestras miserias eran muchas. Estábamos afianzándonos profesionalmente, lo que a veces implicaba que unas puertas se abrían y otras se cerraban, a menudo en nuestras narices. Habíamos invitado a más participantes porque estaban perdidas o estancadas. Otras se habían unido al CLF porque no tenían trabajo. Y luego estaba toda la mierda vital que se añade al cóctel: rupturas, mudanzas, padres enfermos, bebés, o el terror a que de alguna manera hubiésemos «elegido» tener una carrera a expensas de muchas otras cosas.

Pero también había muchos triunfos. Negociar aumentos de sueldo. Presumir las unas de las otras. Pasarnos ofertas de empleo, o bien los currículos, y compartir las ventajas que tuviésemos por nuestros respectivos trabajos (entradas para una conferencia, una película o una exposición). En ocasiones nos oíamos quejarnos tanto en voz alta que, de repente, empezábamos a centrarnos, a comprometernos o, por el contrario, a darnos cuenta de que aquello de lo que nos lamentábamos era de hecho posible –incluso superable– con el apoyo adecuado. Algunas veces simplemente necesitábamos salir a airearnos, a reír. Y al día siguiente volvíamos al trabajo un poquito más aliviadas.

Cerca de nuestro sexto aniversario nos reunimos una noche en mi casa y nos comimos una tarta. Como casi siempre, empezamos a hablar por turnos para darnos las últimas noticias sobre nuestros empleos, así como para explicar a las demás al menos una cosa de la que nos sintiéramos orgullosas de haber conseguido. Una de nosotras había vendido un programa de televisión y había contratado a otra para dirigirlo. Otra acababa de aceptar un nuevo trabajo como productora, gracias a que otra integrante del Club de la Lucha le había corregido la solicitud y se la había entregado a la persona adecuada. Había una guionista de concursos que estaba trabajando en *Quién quiere ser millonario*. Lo odiaba, pero lo había convertido en una especie de juego: por cada comentario sexista que oía en el trabajo, se comprometía a meter otra pregunta feminista más en el programa. La última persona en hablar era una cara nueva. Acababa de dejar su empleo en una empresa de marketing y trataba de ser escritora a tiempo completo... gracias al dinero que había ganado, precisamente, en *Quién quiere ser millonario*.

Nora Ephron dijo una vez que si te resbalas con una piel de plátano eres motivo de risa, pero si se lo cuentas a todo el mundo entonces la que te ríes eres tú. De alguna manera, el Club de la Lucha le dio la vuelta a la metáfora de la piel de plátano: ya no estábamos resbalándonos, sino volando, llevadas por un viento de apoyo y reafirmación. Las reuniones constituían la estructura, pero eran las amistades, y los emails y las salidas y las risas lo que nos mantenía en marcha, esperando, sin prisa, el momento de que las cosas fueran a mejor.

«Nos daba el aire. Era ir a un bar y reírte. Mandar un mensaje cuando estabas enferma, o sin blanca o enfadada. O invitar a comer a una compañera del CLF porque había dejado su asqueroso trabajo sexista. Era saber que no estábamos solas», explicaba Asie, que ya es madre de una niña de diez meses, el miembro más joven del Club de la Lucha.

¡Cómo poner en marcha un
CLUB DE LA LUCHA FEMINISTA!

El CLF original se forjó en una sala de estar abarrotada de Nueva York, con vino barato y galletitas saladas. Pero no hay una manera correcta o incorrecta de poner en marcha tu propio Club de la Lucha. Al leer este libro, y creer en la igualdad, ya perteneces de forma vitalicia al Club, pero también hay CLF locales por todo el mundo que tienen objetivos concretos. En Austin, Texas, hay un grupo de quinientas personas que se encuentran en Facebook para compartir artículos y noticias; un grupo de Toronto se manifestó unido pacíficamente durante la Marcha de las Mujeres en Washington, en enero de 2017, y con anterioridad organizó un taller lúdico de manualidades para pintar unos preciosos carteles de protesta. En Nueva York un grupo que dirige una mujer llamada Cristina Gonzalez se autodenomina «She Fights». Es un club de boxeo para mujeres jóvenes de color que se reúnen regularmente en un gimnasio del centro (su eslogan es: «Juntas podemos noquear al patriarcado»). Animo a todo el mundo a fundar un Club de la Lucha, de la manera que más le apetezca a cada cual. Para aquellas que necesiten unas indicaciones, ahí van unas cuantas sugerencias:

EL COMIENZO

Elige un nombre

Un club con un nombre siempre es más divertido. Contraseña: ¿quién domina el mundo? (Respuesta: las chicas.)

Establece los objetivos

¿Es un grupo de apoyo profesional o una manera de convertiros en políticamente activas? ¿Tu meta es luchar contra las políticas de discriminación del gobierno o algo completamente distinto? Tu Club puede luchar por lo que quieras, pero cuanto antes establezcas los objetivos, más pronto podrás trabajar para conseguirlos.

Recluta

Un Club de la Lucha necesita miembros. ¿Por dónde comenzar? Algunos grupos han empezado con una página en Facebook, invitando a amigas con ideas parecidas y pidiéndoles que, a su vez, invitaran a más chicas que pensaran de forma similar. Otros han puesto una copia del libro encima de su mesa y han entablado conversación con compañeras curiosas. Hay Clubes de la Lucha dentro de empresas y grupos en campus universitarios. Recluta miembros como quieras, y no olvides que el Club de la Lucha Feminista es global e intersectorial.

Encuentra el sitio donde reuniros

Puede ser una habitación en una residencia de estudiantes, un piso, una sala de conferencias, una cafetería, la biblioteca, un parque en un día agradable... También podéis reuniros online, aunque te animo a que os encontréis de vez en cuando para veros las caras. Turnaos para ser las anfitrionas de las reuniones (y cuando te toque ¡asegúrate de que tienes tentempiés!).

LAS REUNIONES

Primera reunión: Bienvenidas al CLF

Empieza con una introducción y plantéate entregar a todas las reunidas una nota con las siguientes preguntas: «¿Nombre? / ¿A qué te dedicas? / ¿Por qué has venido? / ¿Qué quieres conseguir con este grupo?». Estaría bien que alguien tomara apuntes de los objetivos del Club y que luego hablarais de cómo vais a ayudaros las unas a las otras para alcanzarlos. Deberes: si no lo has hecho ya, lee *El Club de la Lucha Feminista* y acude a la próxima reunión dispuesta a hablar sobre qué te impactó más de él.

Segunda reunión: El Club de Lectura Feminista

¿Hay nuevas asistentes? Si es así, conmínalas a presentarse. Usa el mismo formato: «¿Nombre? / ¿A qué te dedicas? / ¿Por qué has venido? / ¿Qué quieres conseguir con este grupo?». A continuación abre el debate del Club sobre el libro. ¿Qué os gustó de él? ¿Qué os desagradó? Hablad sobre ello. Comed aperitivos. Compartid historias. Deberes: intenta llevar a cabo una acción del CLF en el trabajo o en la universidad y guarda notas detalladas de cómo fue. Informa de ello en la próxima reunión.

METERSE EN POLÍTICA

Participa en una manifestación

No hay nada como reunirse con miles de personas que piensan como tú y que marchan pacíficamente por algo en lo que tú crees. Haz carteles, ponte camisetas con eslóganes y muestra tu solidaridad por las causas en las que crees.

Visita el ayuntamiento de tu ciudad

En Estados Unidos la mayoría de los miembros del Congreso convocan reuniones en los ayuntamientos de las ciudades varias veces al año para encontrarse con sus votantes y oír qué les preocupa. Es una oportunidad magnífica para estar en contacto con quienes nos representan y poder hacerles preguntas, o simplemente escuchar las de los demás.

Llama a tu congresista

Algunos estudios llevados a cabo en Estados Unidos han revelado que llamar a miembros locales del Congreso es una de las mejores maneras de tener cierta influencia en los procesos políticos. Seguro que allí donde residas tienes la posibilidad de ponerte en contacto con tus representantes políticos, sean de la administración que sean, local, regional o estatal. Hay que llamarlos, sí, no enviarles emails o mensajes por Facebook. A continuación, te damos un guion, pero puedes encontrar otras formas de dirigirte a ellos en varias páginas web que te ponen al tanto de la actualidad para saber qué decir exactamente. Por si acaso:

Hola, me llamo _____ y resido en _____. Llamo porque me preocupa _____. Creo que esa medida política/propuesta socava aquello por lo que los ciudadanos apostamos. Me gustaría que _____ se opusiera a esa medida, y por ello le pido que se posicione públicamente en contra de ella. Gracias por su tiempo.

ACTIVIDADES EN GRUPO

Visualiza tus objetivos

Dedica una noche a visualizar cómo abordar los objetivos del próximo año, ya sean estos profesionales, personales, políticos... Procura que sean concretos para poder seguir tu progreso. Siéntate en el suelo e imagina que estás en tu época del instituto, haciendo collages en tu cuarto, y realiza una obra maestra que refleje esos objetivos. Material necesario: revistas viejas, cartulina, cinta adhesiva, tijeras, purpurina y más purpurina. Acto seguido, grita por toda la habitación esos objetivos.

Hazte voluntaria

Elabora una lista con todas las organizaciones que luchan por las causas en las que crees y averigua cómo puedes ayudarlas: recaudando fondos, siendo voluntaria o difundiendo de algún modo su trabajo.

Haz un fanzine

No se necesitarás más que un boli, una fotocopiadora y papel. Temas de ejemplo: resistencia, Club de la Lucha Feminista, plantas favoritas, perros, los primeros besos, los tíos que te gustan.

Resiste y cuídate a ti misma

A veces cuidar de una misma puede ser una acción revolucionaria. No subestimes el precio que hay que pagar por luchar por lo que es correcto; todas necesitamos descansar un poco. No te olvides de dormir, meditar, hacer ejercicio o simplemente vegetar de vez en cuando, tanto si es de manera individual como en grupo.

Tarea:
ESCRIBE UNA CARTA A UNA AMIGA

Mucho antes de las oficinas modernas, antes de los teléfonos y de la telebasura, incluso antes de los pantalones para las mujeres, hubo amigas. Amigas con un vínculo estrecho, puesto que ya en el siglo XVI se entendía que, si bien una mujer podía compartir hasta el alma con su mejor amiga, raras veces, si no nunca, podía hacerlo con su marido.[30]

En el pasado las amistades no eran solo una manera de evitar la monotonía, sino también, a menudo, alianzas políticas. El camino que condujo a conseguir el derecho a votar de las mujeres se debe, en parte, a la duradera amistad entre Susan B. Anthony y Elizabeth Cady Stanton.* Fue una «cena sin hombres» que ofreció la activista Jane Hunt a su amiga Lucretia Mott lo que dio lugar a la primera convención de los derechos de la mujer, en Seneca Falls, en 1848. Incluso el ascenso político de Eleanor Roosevelt se debió en parte al papel primordial que sus amigas desempeñaron en su vida.

¿Y quieres saber cómo se comunicaban todas esas amigas? Mediante cartas. Sí, cartas, como las que mandabas a tus amigos en tu infancia, escritas a mano. Las misivas de esas mujeres expresaban las frustraciones que entrañaban los roles de su época; propiciaron que se organizaran huelgas y protestas; expresaban un afecto sincero mutuo. A menudo las firmaban con: «Tuya en los vínculos de la hermandad».

Suena bien, ¿verdad?

Pues esta es la tarea del CLF para hoy: escribe una carta a una amiga para hacerle saber lo mucho que significa para ti.

---

* Quien, ya que estamos, omitió el «obedeceré» de sus votos matrimoniales cuando se casó con su marido, Henry Brewster Stanton.

QUERIDA AMIGA:

NO TE OLVIDES

NO TIENES QUE
SONREÍR

ÁNIMO

CON CARIÑO,

QUE LE DEN
A LOS DIAMANTES,
TÚ ERES MI MEJOR
AMIGA

Carta de cócteles feminista

Un Sex on the Beach (consensuado)

Pregunta a tu amiga
qué quiere en su copa.
Añade licor de melocotón.
Dáselo.

Un Old-Fashioned nada anticuado

Pide un Old-Fashion.
Luego habla de lo genial
que es tener un trabajo, vivir
en tu propio apartamento
y no estar casada.

El Príncipe Azul

Cógete tal pedal
con tus amigas que
acabes perdiendo
un zapato.

El ITU

Vodka.
Arándanos.
¡Repetimos!

(para las Infecciones
del Tracto Urinario)

El Sufragista

Consensuad qué vais
a beber y pedid una
jarra para todas.

El Long-Island Iced Tea de broma

Deja que alguien te invite
a un Long Island Iced Tea.
No te vayas a casa con él.

Lady Cerveza

¡Cerveza!,
un invento
femenino.

1. WORK IT - MISSY ELLIOT 2. CONTROL - JANET JACKSON 3. NONE OF YOUR BUSINESS - SALT-N-PEPA 4. CRAZY ON YOU - HEART 5. INDESTRUCTIBLE - ROBYN 6. *** FLAWLESS - BEYONCE 7. REBEL GIRL - BIKINI KILL 8. FEELING MYSELF - NICKI MINAJ 9. NO SCRUBS - TLC 10. STAND BACK - STEVIE NICKS

CLUB DE LA LUCHA FEMINISTA
LA CINTA DE MEZCLAS

11. BITCH BETTER HAVE MY MONEY - RIHANNA 12. TKO - LE TIGRE 13. CHERRY BOMB - THE RUNAWAYS 14. CAN'T HOLD US DOWN - CRISTINA AGUILERA & LIL' KIM 15. Q.U.E.E.N. - JANELLE MONAE & ERYKAH BADU 16. WHIP MY HAIR - WILLOW 17. TECH BRO - CHILDBIRTH 18. GIRLS! GIRLS! GIRLS! - LIZ PHAIR 19. DOO WOP (THAT THING) - LAURYN HILL

LISTA DE LECTURA

PARA TU ESTANTERÍA

Todos deberíamos ser feministas, Chimamanda Ngozi Adichie

Mi vida en la carretera, Gloria Steinem

You Can't Touch My Hair, Phoebe Robinson

When Everything Changed, Gail Collins

Ain't I a Woman?, bell hooks

All the Single Ladies, Rebecca Traister

Los hombres me explican cosas, Rebecca Solnit

Mala feminista, Roxane Gay

Sisterhood Is Powerful, Robin Morgan

El color púrpura, Alice Walker

El cuello no engaña, Nora Ephron

PARA TU ASEO

Nuestros cuerpos, nuestras vidas, The Boston Women's Health Collective

PARA TU MESA

Game Changers: The Unsung Heroines of Sports History, Molly Schiot

La magia de mandarlo todo a la mierda, Sarah Knight

PARA NIÑAS Y NIÑOS

Rad American Women A–Z, Kate Schatz y Miriam Klein Stahl

Strong Is the New Pretty, Kate T. Parker

Goodnight Stories for Rebel Girls, Elena Favilli y Francesca Cavallo

PÁGINA WEB DEL CLF (EN INGLÉS)

Feministfightclub.com

Chicas rebeldes:
LOS CLF A LO LARGO DE LA HISTORIA

ALPHA SUFFRAGE CLUB

Más de setenta años antes de que Rosa Parks se negara a levantarse de su asiento, fue Ida B. Wells, la fundadora de este grupo de sufragistas negras, la que demandó a la Memphis and Charleston Railroad después de que la echaran del vagón de mujeres de primera clase. Al cabo de veintinueve años fue a Washington para participar en el desfile sufragista de 1913. Cuando le pidieron que se pusiera al final de la marcha se plantó en primera fila.

BIBLE REVISION COMMITEE

Estas veintiséis mujeres, bajo la batuta de Elizabeth Cady Stanton, se reunieron a finales del siglo xix para escribir *La Biblia de la mujer*, que desafiaba la postura tradicional de la ortodoxia religiosa que obligaba a la mujer a obedecer al hombre.

BRUJAS

Con el nombre en español, este grupo de *skaters* latinas del Bronx representa el orgullo de barrio femenino, alentando a las mujeres de color a participar en la cultura del *skate*. Adoptaron el nombre de la película de culto punk de la década de 1980 *Skate Witches*, que iba sobre un grupo de chicas *skaters* punk que aterrorizaba a los chicos *skaters*. Las Brujas han estado disfrutando juntas de sus monopatines desde que tenían doce años. «Las Brujas no es ninguna alternativa a ninguna pandilla de tíos. Somos nuestra propia pandilla», afirman.

BURNED OUT BUSINESSWOMEN'S ASSOCIATION (BOBWA)

Literalmente, «Asociación de Mujeres de Negocios Agotadas». Y es que es el cansancio lo que tienen en común las componentes de este grupo, que se autodenominan las BOBWANIANAS (por sus siglas en inglés). Lo fundó en 1994 la madre y ejecutiva a tiempo completo Marcia Hines, que se veía a sí misma «exhausta siempre».

CARAMEL CURVES

La primera pandilla de motociclistas exclusivamente femenina de Nueva Orleans, las Caramel Curves, está formada por dueñas de pequeños negocios de toda la ciudad, como un salón de manicura, una guardería, una barbería y hasta una funeraria. La idea de formar el grupo surgió antes de que el huracán *Katrina* devastara la ciudad en 2004, y les costó lo suyo remontar después del desastre. Hoy en día el grupo se está fortaleciendo, y es un lugar para la hermandad y la camaradería, para fomentar la confianza y, también, para quemar el asfalto.

CELL 16

«¡Mujeres! Venid y uníos si necesitáis respirar.» Este era el anuncio en el periódico que invitaba a las mujeres a unirse a este grupo de Boston que ayudaba a establecer patrullas callejeras por toda la ciudad en aquellos lugares en los que había violaciones. En 1969 Cell 16 saltó al escenario del primer congreso de mujeres de la historia, en Nueva York, y se cortaron la melena porque, tal como argumentaron, el pelo largo les «pertenece» a los hombres.

CHULITA VINYL CLUB

Este colectivo femenino de DJ amantes del vinilo, con sede en el sur de Texas, hace mezclas de rock, soul y punk con discos raros de aire chicano, y anima a dar la vuelta al dominio masculino en la cultura DJ.

COLECTIVO COMBAHEE RIVER

Llamado así por el río Combahee de Carolina del Sur, en el que Harriet Tubman liberó a 750 esclavos, este grupo de lesbianas negras feministas empezó a reunirse en Boston en los años setenta para desafiar la triple amenaza de ser negras, lesbianas y mujeres. Funcionan como una filial de la National Black Feminist Organization, y organizan retiros por toda la costa Este, han fundado casas de acogida para mujeres maltratadas y han publicado un manifiesto en el que critican el racismo del movimiento feminista original.

FEMINIST KARATE UNION
Este centro de autodefensa de Seattle se formó como respuesta a Ted Bundy, el asesino en serie que atacaba mujeres jóvenes de Washington y Oregon en la década de 1970. La Union sigue siendo una escuela de kárate para niños y mujeres, en el que estas últimas son las profesoras.

FURIES
Este colectivo de «lesbianas sublevadas» convivió en la misma casa a principios de los años setenta, donde compartían desde la ropa hasta las tareas del hogar y fundaron una escuela para enseñar a reparar coches y hacer arreglos de todo tipo en la casa a fin de no tener que recurrir a los hombres. Las Furies fueron uno de los muchos clubes separatistas de lesbianas de la época, que formaron «tierras de *womyn*» (sustituyendo la «e» por la «y» de *women* para distinguirse de los hombres), se pusieron nombres como CLIT Collective y las Van Dyke, y veían el lesbianismo «no como una preferencia sexual, sino más bien como una opción política».

GOTHAM GIRLS
Fundado en 2003, la Gotham Girls Roller Derby es la única liga de patinadoras de Nueva York solo femenina. Está formada por mujeres fuertes, distintas e independientes de la ciudad más grande y pérfida del mundo.

GRAY PANTHERS
Las «Panteras Grises» han demostrado que las mujeres no desaparecen después de cumplir cincuenta años (¡). Este grupo en defensa de las mujeres mayores lo fundó la activista Maggie Kuhn después de su retiro forzado de

la Iglesia presbiteriana. Aún en activo, las Panteras Grises afirman que «las personas mayores y las mujeres constituyen la fuente de energía humana más infravalorada y sin explotar de Estados Unidos».

GUERRILLA

Este grupo anónimo de artistas lleva tres décadas sacudiendo el mundo del arte, llamando la atención sobre el sexismo, el racismo y la desigualdad salarial con su arte callejero de estilo guerrilla, ataviadas con caretas de gorila. Uno de sus pósteres, en el que se ve a una mujer desnuda con una careta de gorila, pregunta: «¿Tienen que desnudarse las mujeres para entrar en el Museo Metropolitano?».

JANE COLECTIVE

«Jane» era el nombre en clave para este grupo clandestino proabortista que ayudó a más de once mil mujeres a que pudieran someterse a un aborto seguro –aunque ilegal– antes del caso Roe contra Wade. Funcionaban por el boca a boca, llevando a las mujeres en coche a dos apartamentos que usaban como clínica, y finalmente aprendiendo ellas mismas a practicar abortos.

LADY CYCLISTS ASSOCIATION

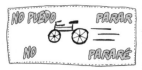 Tal como le dijo la sufragista Susan B. Anthony a la periodista Nellie Bly en 1896, ir en bicicleta «ha hecho más por la emancipación femenina que cualquier otra cosa en el mundo». Las bicicletas permitieron a las mujeres gozar de más movilidad e independencia, así como de la posibilidad de explorar más allá de sus vecindarios.

LESBIAN AVENGERS

Su lema proclamaba jocoso «reclutamos», y eso fue lo que este grupo hizo. Formado en los años noventa para llamar la atención sobre la causa lesbiana, las Lesbian Avengers se pasaron un día entero de San Valentín repartiendo besos de chocolate Hershey en Grand Central Station en cuyo envoltorio se leía: «Acaba de darte un beso una lesbiana». En Bryant Park descubrieron una escultura de papel maché de Alice B. Toklas abrazando a su amante, Gertrude Stein. Las Avengers también tragaron fuego, lo que se convirtió en su trágica marca de la casa: fue la primera vez que se rindió homenaje al homosexual y a la lesbiana de Oregón que murieron a causa de las quemaduras que les produjo un cóctel Molotov que alguien lanzó al apartamento que compartían.

LIBERATION SCHOOL FOR WOMEN

La «Escuela de Liberación para las Mujeres» las enseñó a diferenciar un distribuidor de un carburador; el clítoris de la vulva, y también a divorciarse sin necesidad de contratar un abogado. Se constituyó en Chicago en los años setenta, y estaba formado por cajeras, secretarias, maestras, enfermeras, estudiantes y amas de casa, la mayoría de ellas con escasa o nula formación universitaria.

LUCY STONE LEAGUE

Llamada así por la revolucionaria pionera feminista Lucy Stone —la primera mujer que conservó su nombre de soltera—, este club se fundó en 1921 para proteger el derecho de la mujer a su apellido. Las «Lucy Stoners», como se las bautizó en su época, fueron clave en el fortalecimiento del derecho de la mujer a tener propiedades y a firmar documentos legales con su propio nombre.

MILITANT HOUSEWIVES

Estas «Amas de Casa Militantes» de los años de la Depresión organizaron boicots y presionaron para que se controlaran los precios de los alimentos y de los alquileres por todo Estados Unidos. En Cleveland, unas mujeres negras colgaron ropa mojada sobre los cables de la luz para protestar contra los apagones de electricidad. En Chicago unas mujeres polacas prendieron fuego a un almacén con miles de kilos de carne para demostrar que la inflación de los precios no era resultado de la «escasez». En Nueva York unas mujeres judías se resistieron a que las desahuciaran de sus casas montando barricadas en ellas y arrojando agua hirviendo a todo aquel que se atreviera a tocar uno solo de sus muebles.

LAS NEWSGIRLS

Este club de boxeo solo para mujeres (transexuales incluidas) del centro de Toronto ganó seis medallas en los campeonatos nacionales de boxeo de Canadá en 2010. Además de dar clases de boxeo y de las «peleas de chicas» los viernes por la noche, el club proyecta películas, tiene un grupo de costura y participa en la recaudación de fondos para las casas de acogida de mujeres de la zona y la ayuda en casos de violación.

NEW YORK RADICAL WOMEN

Fundada como una alternativa más radical a las principales organizaciones de mujeres, entre otras, la National Organization for Women, este grupo cobró notoriedad en la manifestación contra el concurso de Miss América que se celebró en Atlantic City en 1968, en el que desplegaron una pancarta gigante con el lema LIBERACIÓN DE LA MUJER, y a continuación arrojaron sujetadores, fajas, rizadores y pestañas postizas a un «basurero de la libertad» (no, no llegaron a quemar la ropa interior).

NUNS ON THE BUS

Este grupo de monjas católicas se formó en 2012 en respuesta a la queja del Vaticano de que las monjas estadounidenses estaban promoviendo «temas feministas radicales incompatibles con la fe católica». Las monjas se echaron a la calle y visitaron hogares para los sin techo, comedores sociales y otros lugares, recorriendo nueve estados, para poner de manifiesto el valor de su trabajo al servicio de la comunidad.

OUR BODIES, OURSELVES

Publicaron el primer libro para educar a la mujer en cuestiones como la masturbación, el control de la natalidad y... sí, el clítoris. Distribuyeron un panfleto fotocopiado por todo Boston por setenta y cinco centavos. Las autoras fueron doce mujeres, ninguna de ellas experta en medicina, que creían, de manera razonable, que, con un mayor conocimiento, las mujeres estarían mejor preparadas para ocuparse de su propia salud.

OVARIAN PSYCOS BICYCLE BRIGADE

Con unos «ovarios tan grandes que no necesitamos pelotas», esta banda de motociclistas femenina compuesta, sobre todo, por latinas surgió en Los Ángeles en 2011 como respuesta a la cultura masculina de la moto que predomina en la ciudad. Formada por trabajadoras de organizaciones sin ánimo de lucro y de activistas de la comunidad, el grupo convoca eventos «*womyn* jiu jitsu», paseos en moto a la luz de la luna y una carrera anual llamada Clitoral Mass.

PROJECT PUSSY

Un proyecto de grafiteras que nació gracias a la iniciativa de una artista de Brooklyn. Project Pussy es un grupo desenfadado que intenta contrarrestar los grafitis de «pelotas y penes que se ven en casi todos los contextos urbanos». Para hacerlo, las componentes dibujan vaginas de colores en pegatinas y las colocan en todos los sitios públicos de Nueva York.

RADICAL MONARCHS

En vez de vendiendo pastelitos y haciendo galletas como las Girl Scouts, los miembros de las Radical Monarchs —un club actual de Oakland para mujeres jóvenes de color— ganan insignias con nombres como BLACK LIVES MATTER por ir a manifestaciones a favor de los derechos civiles;

BELLEZA RADICAL por desafiar los anticuados estándares de belleza; y la insignia ALIADAS DE LOS LGBT por promover la aceptación de todo el mundo. El día de San Valentín, el club lleva a cabo el denominado «Radical Love», en el que leen los escritos de la activista feminista bell hooks y redactan notas de afecto para ellas mismas y sus compañeras del club.

RATIONAL DRESS SOCIETY

La sociedad creía que ninguna mujer debería llevar más de tres kilos en ropa interior. Asumiendo la naturaleza restrictiva de la vestimenta femenina en la época victoriana —corsés de barbas de ballena, enaguas, polisones y faldas muy pesadas— este grupo abogó por un estilo de vestir basado en «la salud, la comodidad y la belleza», que permitiría a las mujeres moverse con más facilidad.

RIOT GRRRL

El movimiento Riot Grrrl surgió a principios de la década de 1990 en la deprimente Olympia, en Washington, y hacían un punk cargado de lemas políticos que combinaban el activismo con el arte. Se forjó durante una reunión de amigas que decidieron que querían empezar una «revolución de chicas» (*riot girl*). Estas mujeres aclamaban a bandas como Bikini Kill y Sleater-Kinney, hablando de la violación y la violencia en sus canciones, publicando fanzines, popularizando el *girl power* e inspirando a miles de *riot grrrls* por todo el país. Apoyar a otras mujeres era siempre parte del mensaje Riot Grrrl; así, en los conciertos de Bikini Kill las mujeres tenían que ponerse en primera fila.

RED BRIGADE

La mujer de rojo

Con el propósito de acabar con el tabú de la menstruación, este grupo de mujeres se cubrió de pintura roja y recorrió el Michigan Womyn's Music Festival en 2001, con eslóganes que incluían «¡Únete a la revolución roja!» y «Saca a las empresas de nuestra vagina». También publicaron un fanzine llamado *Red Alert*.

REDSTOCKINGS

Las Redstockings dijeron a las mujeres: «¡Quejaos, hermanas, quejaos!». Eran famosas por sus *speakouts*, en los que las mujeres hablaban en público de sus abortos, y por sus acciones de protesta *zaps*. El nombre del grupo representaba la unión de dos tradiciones: la etiqueta despectiva que se ponía antiguamente a las mujeres haciéndoles llevar «medias azules» (*bluestockings*) y el «rojo» propio de la revolución.

S.C.U.M.

Manifiesto del año 1967 de la escritora neoyorquina Valerie Solanas, *S.C.U.M.* parodiaba a los hombres tildándolos de «mujeres incompletas» que tenían deficiencias debido a que el cromosoma Y les hacía ser emocionalmente incapacitados, egocéntricos y faltos de empatía. Se distribuyeron dos mil copias por toda la ciudad, cobrando a las mujeres un dólar y a los hombres dos.

SHAMELESS HUSSY

Esta editorial exclusivamente de mujeres se fundó en 1969, en una época en la que el 94 por ciento de los libros que se imprimían en Estados Unidos estaban escritos por hombres. A lo largo de veinte años encontraron su sitio en ella muchas mujeres escritoras, empezando por la fundadora del grupo, quien publicó el primer libro de poemas de amor abiertamente lesbiano de Estados Unidos. «Shameless hussy» (fresca sinvergüenza) era la frase con que su madre se refería a las mujeres cuyo comportamiento no le gustaba.

SHE FIGHTS

Se trata de un club de boxeo que fomenta el empoderamiento entre las adolescentes de Nueva York. El grupo surgió en 2016 y crece rápidamente, usando el boxeo como una herramienta para acceder a la fuerza de las mujeres, animando a las chicas a que se enfrenten cara a cara con sus inseguridades y las derriben a puñetazos. ¿Su eslogan? «Juntas podemos noquear al patriarcado.»

SOJOURNER TRUTH DISCIPLES

Llamado así por la valiente abolicionista Sojourner Truth, una antigua esclava, este club de la década de 1960 formado por exreclusas de Filadelfia estaba dedicado a mejorar las condiciones de las mujeres en las prisiones.

SUFRAGISTAS

 Fueron la pandilla original: desfilaban y hacían piquetes, encendían hogueras, la policía les rompía los dedos y se las sometía a torturas psiquiátricas con la intención de revertir sus «comportamientos antisociales». Las estadounidenses debemos a ellas la Decimonovena Enmienda, que garantizó el voto a las mujeres.

THAT TAKES OVARIES!

Empezó como una observación a bote pronto —«¡Bueno, eso es tener ovarios!»—, que acabó convirtiéndose en un grupo de teatro que cuenta las historias de actos osados protagonizados por mujeres. Para las fundadoras del grupo, tener ovarios no es solo poseer determinados órganos, sino «cierta Actitud» (con «A» mayúscula).

THIRD WORLD WOMEN'S ALLIANCE

Este grupo de los años setenta publicó el *Manifiesto de las mujeres negras*, que firmaron juntas Eleanor Holmes Norton y Frances M. Beal, cuyo famoso ensayo de 1969 «Double Jeopardy; To Be Black and Female» (Doble dificultad: ser negra y mujer) se considera uno de los textos definitorios de esa época. El manifiesto decía: «La mujer negra pide un nuevo conjunto de definiciones femeninas y un reconocimiento de ella como ciudadana, compañera y confidente, no una delincuente matriarcal, un mero apoyo o una fábrica de bebés».

TRUTH SQUADS

Estos grupos de nueve o diez mujeres, famosas en Nueva York en la década de 1960, abordaban sin previo aviso a un marido cualquiera y se enfrentaban a él con una lista de quejas.

TWAT TEAM

Era un grupo de teatro formado por activistas lesbianas de Chicago durante la guerra del Golfo. Las TWAT —o Theatre With Alienting Tendencies (Teatro con Tendencias Alienadoras)— parodiaban los roles de género tradicionales y la homofobia, y luchaba por la erradicación de palabras como *twat* («gilipollas», en inglés, pero solo para referirse a las mujeres).

WAC

Los hombres no eran bien recibidos en WAC, pero las actitudes inapropiadas sí. El grupo se forjó como respuesta al tratamiento sexista hacia Anita Hill. WAC era un grupo sin jerarquías orientado a la representación artística, que utilizaban tambores y consoladores de juguete que expulsaban líquidos de colores para representar lo que ellas llamaban los «ataques WAC».

WASPS

En 1942, tras el ataque a Pearl Harbor, en Estados Unidos hacían falta muchos pilotos, más de los que había, así que un grupo de mujeres dieron un paso adelante. Las «Mujeres Pilotos de Servicio de la Fuerza Aérea» (WASPs, por sus siglas en inglés) formaron el primer escuadrón femenino del país. Aunque nunca fueron reconocidas como miembros del ejército estadounidense, su contribución en el conflicto fue primordial.

WEENIE WACKERS

 Lo llamaban «un sobresaliente a cambio de sexo» (*A for a Lay*), y no era otra cosa que una «política extraoficial», habitual en los años sesenta, por la cual los profesores de universidad ofrecían buenas notas a sus alumnas a cambio de favores sexuales. Pero en campus como el de Sacramento State, un grupo de mujeres dijo: «Basta». En Halloween se vistieron de brujas, se pusieron consoladores y sujetadores en la cabeza, y una por una fueron a los despachos de los agresores conocidos por todos a echarles un maleficio. «¡Caiga sobre ti la vergüenza!», les gritaban ante la mirada horrorizada de los administradores de las oficinas. Uno de los profesores no estaba en su despacho, así que fueron a su casa y pintaron en el exterior AQUÍ VIVE UN CERDO para que todos lo vieran.

WIMMEN'S COMIX COLECTIVE

Con títulos como *Tits & Clits* («Tetas y Clítoris») y *Dynamite Damsels* («Damiselas de Dinamita»), este grupo de artistas femeninas de cómic se unió en los años setenta para combatir el sexismo en la escena *underground*. El grupo funcionó hasta 1992, dando lugar a la antología de cómics solo de mujeres más duradera de la historia.

WOMEN'S LIBERATION ROCK BAND

Este grupo de música (sí, es real) se formó en New Haven y en Chicago en la década de 1970, y lanzó un álbum con canciones como «Ain't Gonna Marry», «Dear Government» y «So Fine».

WOMEN'S SALOON

Sus paredes estaban decoradas con arte hecho por mujeres, había una prohibición sobre bebidas *light* y las camareras no tenían ni que sonreír ni ser «alegres». Fundada en Los Ángeles en 1974, esta taberna permitió a las mujeres que no podían pagarse las bebidas saldar las consumiciones fregando platos.

WOMEN OF ALL RED NATIONS

WARN fue la organización de mujeres nativas estadounidenses, pertenecientes a más de treinta tribus, más famosa de los años setenta. Fueron fundamentales en la campaña contra la esterilización clínica que el gobierno les estaba imponiendo entonces.

WOMEN'S GRAPHICS COLECTIVE

Con pósteres en los que se leía ¡LAS MUJERES TRABAJAN UNIDAS! y LAS MUJERES NO SON NENAS, este grupo fue responsable de buena parte de la iconografía visual del movimiento de las mujeres. Su sede estaba en Chicago, tenían un presupuesto muy limitado y podía contactarse con ellas mediante email. Aunque, como dijeron una vez: «Estamos hartas de recibir cartas encabezadas por: "Estimado señor"».

W.I.T.C.H.

 Las mujeres del Women's International Terrorist Conspiracy from Hell («Conspiración Terrorista Internacional de Mujeres desde el Infierno») se vestían como brujas, pues consideraban que estas habían sido las primeras rebeldes, e irrumpían en el parqué de la Bolsa de Nueva York para intimidar a los hombres con la mirada. El grupo se dedicó a hacer representaciones teatrales de guerrilla llamadas *zaps*.

W.O.W

La Organización Mundial de Trabajadoras (Worls Organization of Workers) luchó para acabar con la discriminación racial, sexual o de edad, cumplimentando infinidad de quejas contra las agencias de contratación. En 1979 el grupo publicó un panfleto que decía: «El día más feliz de mi vida fue cuando descubrí mi clítoris».

Espacio para
APUNTES DE BATALLA

FECHA DE LA BATALLA

_____

_____

_____

ENEMIGO

_____

_____

_____

LUGAR

_____

_____

_____

OBSERVACIONES

_____

_____

_____

MANIOBRA DE LUCHA USADA

¿FUNCIONÓ?

APUNTES PARA LA PRÓXIMA VEZ

AGRADECIMIENTOS

E l *Club de la Lucha Feminista* no habría visto la luz de no haber contado con el apoyo incondicional de un gran número de mujeres y hombres.

Primero y ante todo, quiero dar la gracias a Amanda McCall, sin cuyo humor y visión, y edición y juegos de palabras este libro no existiría (o no sería nada bueno). Amanda es una productora, directora y guionista brillante, y sus habilidades en todos esos ámbitos solo pueden compararse con su compromiso acérrimo de ayudar a dar voz a las mujeres. Ya sea con mentorías, pasando currículos o dedicando parte de su tiempo, dinero y trabajo manual (sí, construyó una estantería en mi casa), Amanda es una luchadora feminista de verdad. Y una amiga sorprendente.

También deseo mostrar mi gratitud al equipo de editores y consejeros que me ayudaron a hacer realidad este libro, sobre todo a mi agente Howard Yoon (junto con Gail Ross) de RossYoon, y a mi editora Julie Will en HarperWave. Howard me animó con esta idea desde el principio, cuando solo pensaba en usarla para escribir una columna, y Julie no cejó en su empeño de mostrarme su entusiasmo desde el primer momento. Entre los dos podrían llenar un iPhone de 64 gigas con los frenéticos mensajes que les enviaba a todas horas, y, sin embargo, lo gestionaron todo con gracia, humor y paciencia. Gracias.

Gracias a Sarah Ball, cuyas brillantes improvisaciones son el germen de muchas de mis frases favoritas, sino de todas, que me ayudaron a salir de numerosos embrollos narrativos; a Sharon Attia, mi increíble jefa de personal/zarina de las redes sociales /directora creativa/árbitra serena del CLF; Susanna Schrobsdorff, mi antigua editora en *Time* y la «zorra presumida» definitiva, que no ha dejado nunca de retocar mis escritos, incluso aquellos de los que he estado más orgullosa; a Rachel Simmons, mi socia *scout* de tendencias, cuya amistad, buen humor y sabiduría siempre disponible me han guiado a través de este proceso. Gracias a Lizzy Bailey Wolf, doctoranda de la Harvard Business School, con cuya colaboración me aseguré de que hasta la última de las afirmaciones de este libro está respaldada por investigaciones y que estas las empleaba en su contexto; a Amy Ryan, una profesional incuestionable con quien me encantaría compartir una coedición cuando sea; y por último, pero no menos importante, a mis maravillosas ilustradoras Saskia Wariner y Hilary Fitzgerald Campbell, así como a la diseñadora de Harper Leah Carlson-Stanisic, que inyectaron humor visual al libro de manera magistral e insuflaron vida a mis palabras sobre el papel.

Al igual que lo que predica este libro, yo no podría haberlo escrito sin el apoyo inestimable de un enorme Club de la Lucha que me ofreció su sabiduría interminable, leyeron los primeros borradores, aguantaron mis yuyus hasta las dos de la madrugada, accedieron a que las entrevistara y protagonizaron un vídeo. Lo maravillosas que son me inspira a diario. Hay demasiadas para nombrarlas, pero vaya desde aquí un agradecimiento especial a:

Sheryl Sandberg, quien me enseñó a respaldar cada afirmación con datos, que se las arregla de alguna manera para ser tan buena con las palabras como con los negocios, que encontró tiempo para darme su opinión sobre cada frase de este libro, y cuya resistencia me inspira a diario.

Casey Schwartz, mi eterna asesora, mi grupo de apoyo de salud mental de mejores amigas de un solo miembro, así como una editora y amiga realmente brillante.

Los componentes de mi equipo de investigación, que me ayudaron con cada parte de este libro a la vez que hacían que escribirlo fuera divertido: la ya mencionada Mrs. Attia, Jordana Narin, Jing Qu (miembro honorario) y Evan Zavidow. Estoy tan orgullosa de cada uno de vosotros, ¡¡¡¡sois el futuro!!!!

Lucia Aniello, Ashley Bearden, Hillary Buckholtz, Cristen Conger, Nell Constantinople, Jena Friedman, Ilana Glazer, Jill Goodwin, Halle Kiefer, Swanna MacNair, Asie Mohtarez, Kate Mullaney, Shauna Pinkett, Smita Reddy, Danielle Klang Thomson, Sarah Shepard, Nell Scovell y Stephanie Smith: tías, hacéis que quiera levantar un puño y perfilarme a la vez.

A las mujeres de la Lista y, en particular, a las fundadoras Rachel Sklar y Glynnis MacNicol, quienes han desarrollado su negocio ayudando a las mujeres; Ruby Sklar, la segunda integrante de menor edad del Club de la Lucha; la inteligentísima Tanya Tarr, quien, sin ni siquiera conocerme, leyó todos los capítulos y me hizo llegar valiosas anotaciones sobre ellos; ese prodigio de la estrategia digital que es Kate Gardiner; la reina de la organización de eventos Katie Longmyer; y tantas otras, cuya sabiduría y asesoramiento también impregnan todas estas páginas.

Publicar un libro es un poco como empezar una pequeña *start-up*, y yo no podría haberlo hecho sin los amigos, y a veces extraños, que han participado en todo el proceso, desde el diseño, pasando por la organización de eventos, hasta la introducción de cada email que, por lo visto, hace falta para lanzar un libro. Me refiero a: Rich Tong y el equipo de FohrCard, incluidas Penelope Tong, Grace Murray y Emma Hetherington, que hicieron mi página web, se quedaron hasta las tantas para ayudarme a revisar los diseños y me ayudaron a elaborar estrategias de todo tipo para mi plan de marketing, normalmente con un whisky de por medio; a mi socia en busca de una misión y directora de mi marca personal Sara Wilson, que organizó reuniones, me preparó para los discursos y se tragó alegremente docenas de *conference calls* en mi nombre; al resto del equipo de HarperWave, entre ellos a Karen Rinaldi, Brian Perrin, Rachel Elinsky y Kate Lyons; a la gurú del diseño Monica Parra; el cómico Andy Haynes; el negociador nato Emanuel Neuman; la jefa de mi junta particular de directoras Susie Banikarim; las creadoras estrella Dyllan McGee, Sammi Leibovitz y Blair Enders; Libby Leffler, a quien siempre se puede citar sin miedo a equivocarse; a la extraordinaria editora de vídeo Luisa Guerrero; a los actores en su tiempo libre Brittany Gooden, Ebonee Williams, Nick Scott, Kai Mathews, PJ Evans, Sanjay Ginde, Barrett Sheridan, Noah Shannon, Joe Lazauskus, Morgan Fletcher, Aixsha Hiciano, Alex Shoushtari y Jaye Bartell; la reina del fanzine Allison Maloney; mis colegas de Los Ángeles Rachel Webber, Frankie Shaw, Micah Fitzerman-Blue y Liba Rubenstein (¡y Zelda!); Aminatou Sow de *Call Your Girlfriend*; Yng-Ru Chen de Tattly; Shanna Nash de SNASH Jewelry (¡tenéis que ver sus anillos feministas!); Joanna Coles, Laura Brounstein y Sara Austin de *Cosmopolitan*; Gina Gotthilf de Duolingo; las damas de las relaciones públicas Alisa Richter y Laura Barganier; mi compañera de cuarto de honor

Giulia Heimen; mis amigos de Brooklyn Matt y Patty Slutsky; las asesoras de lactancia Rosie Bancroft, Abby Slonecker, Anna Gall y Lyndsi Rashkow; la gran Jenn Needleman; Gia Milinovich, una desconocida de internet que me regaló el dominio feministfightclub.com por pura camaradería feminista.

Gracias también al equipo increíble de Lean In, que apoyó este camino desde el principio y que me ha inspirado, a mí y al libro, de tantísimas maneras: Nola Barackman, Gina Bianchini, Marianne Cooper, Elizabeth Diana, Ashley Finch, Charlton Gholson, Debi Hemmeter, Hannah Kay Herdlinger, Kelly Hoffman, Anne Kornblut, Tessa Lyons, Katie Miserany, Mana Nakagawa, Kelly Parisi, Jeanne Reidy, Raena Saddler, Andrea Saul, Elliot Schrage, Nicole Stiffle, Rachel Thomas, Ashley Zandy, y los listísimos (e ingeniosos) David Dreyer y Eric London. No pierden el norte ni un puñetero día.

Gracias, asimismo, a los expertos y estudiosos académicos que se tomaron la molestia y el tiempo de leer los capítulos de este libro, permitieron que los citara en estas páginas, compartieron conmigo sus investigaciones y me ayudaron a comprenderlos: el maravilloso Adam Grant de Wharton Business School, quien, además de hacer una charla TED, escribir un best seller y enseñar, entre otras cosas, me ofreció su valiosísima opinión; las lingüistas Robin Lakoff y Deborah Tannen, cuyo trabajo sobre género y lenguaje hacía tiempo que admiraba, y a quienes les debo el capítulo sobre el habla; a Sally Roesch Wagner, una luchadora feminista que lleva en esto desde antes de que yo supiera que significaba la palabra «feminismo» y que me recordó que puede ser divertido; gracias a Barbara Berg, Hannah Riley Bowles, Joan C. Williams, Gretchen McCulloch y Bill Hoogterp, en quienes siempre pensaré cuando diga «esto...» o «mmm....».

Gracias, igualmente, a Jeff Roth, del archivo del *New York Times*, a quien he de agradecer los fascinantes chismes históricos que he incluido en este libro y con quien pasé muchas horas encerrada en un sótano rodeada de recortes de prensa. A mis editores del *Times*, Laura Marmor y Stuart Emmerich, gracias por ser tan increíbles y seguir publicando mis columnas, a pesar de que estaba cada vez más agotada a causa del libro.

Mi agradecimiento es también para las *Newsweeks Dollies*, que fueron las primeras de todas en inspirarme, en especial Lucy Howard, Pat Lynden, Lynn Povich, Marc Peyser, y mis colegas eternas de firma (y amistad) Jesse Ellison y la ya citada Mrs. Ball. Este libro no existiría sin vosotras.

Gracias a mis padres, Verónica Mratinich y Jim Benvenga, que nos criaron a mis hermanos y a mí para ser feministas y que nos inculcaron que si algo es injusto debemos alzar la voz y protestar. No todo el mundo tiene ese privilegio y, a lo largo de los años, me he dado cuenta de que mi poder radica en las palabras que ellos me dijeron. A mis hermanos, Nick y Zach Benvenga, los miembros de mi primer Club de la Lucha: gracias por hacer de mí una chica dura desde el principio.

Y, finalmente, gracias a los hombres principales de mi vida, Sam Slaughter y el perro Charles Hocico Marrón, quienes sufrieron muchas madrugadas y muchos madrugones, me trajeron bocatas cuando ni me acordaba de cuántos días llevaba sin dormir o ducharme, me apoyaron como dos campeones a lo largo de todo el proceso y se mearon en mi proyecto solo una vez (Charles, no Sam). Sois el mejor dúo feminista que podría desear a mi lado.

NOTAS

NOTAS A LA EDICIÓN ESPAÑOLA

* En España, el número de mujeres en las universidades ha aumentado rápidamente: representaban el 12,6 por ciento del total de los estudiantes en 1940, el 31 por ciento en 1970, el 53 por ciento en 2000 y el 54 por ciento en 2010. Su tasa de éxito es, además, mayor que la de los varones; prueba de ello es que, por ejemplo, en el curso 2007-2008 el 61 por ciento de los diplomados y licenciados fueron mujeres. [Fuente: Daniel Peña, "Cien años con mujeres en la universidad", *El País* (8 de marzo de 2010).] Según datos de Eurostat, el 80 por ciento de los estudiantes de los Estados miembros de la UE que cursan carreras de Educación y Formación son mujeres. En los estudios de Ingeniería, el porcentaje cae hasta el 26 por ciento. En España, por cada 100 hombres que cursan educación universitaria, hay 115 mujeres, seis puntos por debajo de la media de la UE. [Fuente: Parlamento Europeo, <http://www.europarl.europa.eu/spain/es/sala_de_prensa/communicados_de_prensa/pr-2015/pr-2015-march/universitarias.html>.]

* En España, el salario medio de las mujeres es inferior al de los hombres en más de un 20 por ciento en todos los niveles educativos, siendo la brecha salarial más alta en los estudios primarios (35,57 por ciento), que suponen 6.608,80 euros de ganancia media anual menos para las mujeres con estudios primarios que la ganancia media anual de los hombres con estos estudios. En el caso de las diplomaturas, la brecha M/H es de un 22,45 por ciento, y en las licenciaturas y doctorados es de un 23,44 por ciento. [Fuente: UGT, "La falta de políticas de igualdad en el empleo incrementa la brecha salarial", 20 de febrero de 2017.]

* En España, un millón y medio de mujeres cobran un máximo de 645,30 euros mensuales brutos. Los bajos salarios de las mujeres, siempre menores que los de los hombres, lejos de

equipararse a los de ellos, siguen reduciéndose. Casi doscientas mil mujeres más que hace cuatro años se encuentran por debajo del Salario Mínimo Interprofesional (SMI). [Fuente: UGT, «La falta de políticas de igualdad en el empleo incrementa la brecha salarial», 20 de febrero de 2017.]

* En España, la Ley de Igualdad de 2007 dice lo mismo sobre el acoso, y los organismos a los que hay que acudir para denunciar y pedir información son la Policía Nacional y el Instituto Nacional de la Mujer del Ministerio de Trabajo, además de las consejerías de Asuntos Sociales de las respectivas comunidades autónomas.

* En España, más de 8,5 millones de mujeres trabajadoras trabajan gratis desde el 8 de noviembre hasta el 31 de diciembre de cada año (estos son los días que corresponden al porcentaje de diferencia salarial entre hombres y mujeres). En 2017 la brecha salarial, en salario por hora, se mantuvo invariable en un 14,9 por ciento y fue el triple que en países como Italia, Luxemburgo y Rumanía. [Fuente: UGT, <http://www.ugt.es/movil/Detalle.aspx?idElemento =3310>.]

INTRODUCCIÓN

1. American Association of University Women, «Graduating to a Pay Gap», 2012, <http://www. aauw.org/files/2013/02/graduating-to-a-pay-gap-the-earnings-of-women-and-men-one-year-after-college-graduation. pdf>.

2. Linda Babcock y Sarah Laschever, *Women Don't Ask*, <http://www.womendontask.com/ stats.html>.

3. Formación que ofrece Facebook contra los prejuicios de género, <https://managingbias. fb.com>.

4. Cristian L. Dezsö y David Gaddis Ross, «Does Female Representation in Top Management Improve Firm Performance? A Panel Data Investigation», *Strategic Management Journal*, vol. 33, n.º 9 (septiembre de 2012), pp. 1.072–1.089; Cedric Herring, «Does Diversity Pay? Race, Gender, and the Business Case for Diversity», *American Sociological Review*, vol. 74, n.º 2 (abril de 2009), pp. 208–224.

5. Alison Cook y Christy Glass, «Do Women Advance Equity? The Effect of Gender Leadership Composition on LGBT-Friendly Policies in American Firms», *Human Relations*, vol. 69, n.º 7 (febrero de 2016), pp. 1.431–1.456.

6. Samantha C. Paustian-Underdahl, Lisa Slattery Walker y David J. Woehr, «Gender and Perceptions of Leadership Effectiveness: A Meta-Analysis of Contextual Moderators», *Journal of Applied Psychology*, vol. 99, n.º 6 (enero de 2013), pp.1.129–1.145.

7. Brad M. Barber y Terrance Odean, «Boys Will Be Boys: Gender, Overconfidence, and Com-

mon Stock Investment», *The Quarterly Journal of Economics*, vol. 116, n.º 1 (febrero de 2001), pp. 261–292.

8. Katty Kay y Claire Shipman, *The Confidence Code: The Science and Art of Self-Assurance—What Women Should Know*, Nueva York, HarperCollins, 2014, p. 113. [Hay trad. cast.: *La clave de la confianza*, México, Océano, 2015.]

9. Dana L. Joseph y Daniel A. Newman, «Emotional Intelligence: An Integrative Meta-Analysis and Cascading Model», *Journal of Applied Psychology*, vol. 95, n.º 1 (enero de 2010), pp. 54–78, <http://psycnet.apa.org/index.cfm?fa=buy.optionTo-Buy&id=2010-00343-013>.

10. McKinsey Global Institute, *How Advancing Women's Equality Can Add $12 Trillion to Global Growth*, 2015, <http://www.mckinsey.com/global-themes/employment-and-growth/how-advancing-womens-equality-can-add-12-trillion-to-global-growth>.

PRIMERA PARTE: IDENTIFICA AL ENEMIGO

1. Christopher F. Karpowitz, Tali Mendelberg y Lee Shaker, «Gender Inequality in Deliberative Participation», *American Political Science Review* (agosto de 2012), pp. 1–15, <http://www.bu.edu/wgs/files/2014/12/Karpowitz-et-al.-2012.pdf>.

2. Marianne LaFrance, «Gender and Interruptions: Individual Infraction or Violation of the Social Order?», *Psychology of Women Quarterly*, vol. 16 (1992), pp. 497–512, <http://interruptions.net/literature/LaFrance-PWQ92.pdf>; Kristin J. Anderson y Campbell Leaper, «Meta-Analyses of Gender Effects on Conversational Interruption: Who, What, When, Where, and How», *Sex Roles*, vol. 39, n.º 3–4 (1998), pp. 225–252, <http://www.ffri.hr/~ibrdar/komunikacija/seminari/Anderson,%201998%20-%20Metaalnalyses%20of%20gender%20effects%20on%20convers.doc>.

3. Adrienne Hancock y Benjamin Rubin, «Influence of Communication Partner's Gender on Language», *Journal of Language and Social Psychology*, 11 de mayo de 2014, <http://jls.sagepub.com/content/early/2014/05/09/0261927X14533197>; Victoria L. Brescoll, «Who Takes the Floor and Why: Gender, Power, and Volubility in Organizations», *Administrative Science Quarterly*, vol. 56, n.º 4 (diciembre de 2011), pp. 622–641.

4. Carol W. Kennedy y Carl Camden, «Interruptions and Nonverbal Gender Differences», *Journal of Nonverbal Behavior*, vol. 8, n.º 2 (diciembre de 1983), p. 91; Kathryn Heath, Jill Flynn y Mary Davis Holt, «Women, Find Your Voice», *Harvard Business Review,* junio de 2014, <https://hbr.org/2014/06/women-find-your-voice>.

5. Heather Sarsons, «Gender Differences in Recognition for Group Work», Working Paper, 3 de diciembre de 2015, <http://scholar.harvard.edu/sarsons/publications/note-gender-differences-recognition-group-work>.

NOTAS

6. Formación que ofrece Facebook contra los prejuicios de género; Madeline E. Heilman y Michelle C. Haynes, «No Credit Where Credit Is Due: Attributional Rationalization of Women's Success in Male-Female Teams», *Journal of Applied Psychology*, vol. 90, n.º 5 (septiembre de 2005), pp. 905–916, <http://dx.doi.org/10.1037/0021–9010.90.5.905>.

7. Sheryl Sandberg y Adam Grant, «Madam C.E.O., Get Me a Coffee», *New York Times*, 6 de febrero de 2015, <http://www.nytimes.com/2015/02/08/opinion/sunday/sheryl-sandberg-and-adam-grant-on-women-doing-office-housework.html>.

8. Lyman Abbott, «Why Women Do Not Wish the Suffrage», *The Atlantic*, septiembre de 1903, <http://www.theatlantic.com/past/docs/issues/03sep/0309suffrage.htm>.

9. Sandberg y Grant, «Madam C.E.O., Get Me a Coffee».

10. National Public Radio, «What Happens When You Get Your Period in Space?», 17 de septiembre de 2015, <http://www.npr.org/sections/health-shots/2015/09/17/441160250/what-happens-when-you-get-your-period-in-space>.

11. Brescoll y Uhlmann, «Can an Angry Woman Get Ahead?»; Joan C. Williams y Rachel Dempsey, *What Works for Women at Work: Four Patterns Working Women Need to Know*, Nueva York, NYU Press, 2014, p. 100.

12. Shelley J. Correll, Stephen Benard e In Paik, «Is There a Motherhood Penalty?», *American Journal of Sociology*, vol. 112, n.º 5 (marzo de 2007), pp. 1.297–1.339, <http://gender.stanford.edu/sites/default/files/motherhoodpenalty.pdf>; Joan C. Williams, coautora, *What Works for Women at Work: Four Patterns Working Women Need to Know*, en un vídeo producido para LeanIn.Org, <http://leanin.org/education/what-works-for-women-at-work-part-3-maternal-wall/>, basándose en las estimaciones de Correll, Benard e In Paik; «Is There a Motherhood Penalty?», *American Journal of Sociology*, 2007, <http://gender.stanford.edu/sites/default/files/motherhoodpenalty.pdf>.

13. Williams y Dempsey, *What Works for Women at Work*.

14. LeanIn.Org y McKinsey & Co., *Women in the Workplace 2015*, <http://womeninthework place.com/ui/pdfs/Women_in_the_Workplace_2015.pdf>.

15. Beatriz Aranda y Peter Glick, «Signaling Devotion to Work over Family Undermines the Motherhood Penalty», *Group Processes and Intergroup Relations*, 23 de mayo de 2013, <http://gpi.sagepub.com/content/early/2013/05/22/1368430213485996.abstract>.

16. Boris B. Baltes *et al.*, «Flexible and Compressed Workweek Schedules: A Meta-Analysis of Their Effects on Work-Related Criteria», *Journal of Applied Psychology*, 1999, <https://www.researchgate.net/publication/232480680_Flexible_and_Compressed_Workweek_Schedules_A_Meta-Analysis_of_Their_Effects_on_Work-Related_Criteria>.

17. Tomas Chamorro-Premuzic, «Why Do So Many Incompetent Men Become Leaders?»,

Harvard Business Review, 22 de agosto de 2013, <https://hbr.org/2013/08/why-do-so-many-incompetent-men>.

18. Sheryl Sandberg, *Lean In*, Nueva York, Knopf, 2013. [Hay trad. cast.: *Vayamos adelante*, Barcelona, Conecta, 2013.]

19. EY Women Athletes Business Network y espnW, *Making the Connection: Women, Sport and Leadership*, 2014, <http://www.ey.com/GL/en/Newsroom/News-releases/news-female-executives-say-participation-in-sport-helps-accelerate--leadership-and-career-potential>.

SEGUNDA PARTE: IDENTIFÍCATE A TI MISMA

1. Sheryl Sandberg y Adam Grant, «Madam C.E.O., Get Me a Coffee», *New York Times*, 6 de febrero de 2015, <http://www.nytimes.com/2015/02/08/opinion/sunday/sheryl-sandberg-and-adam-grant-on-women-doing-office-housework.html>.

2. Joan C. Williams, Katherine Phillips y Erika Hall, *Double Jeopardy? GenderBias Against Women of Color in Science*, WorkLifeLaw, UC Hastings College of Law, 2015, <http://www.uchastings.edu/news/articles/2015/01/williams-double-jeopardy-report.php>.

3. Madeline E. Heilman y Julie J. Chen, «Same Behavior, Different Consequences: Reactions to Men's and Women's Altruistic Citizenship Behavior», *Journal of AppliedPsychology*, vol. 90, n.º 3 (mayo de 2005), pp. 431–441, <http://psycnet.apa.org/journals/apl/90/3/431>.

4. Sandberg y Grant, «Madam C.E.O., Get Me a Coffee».

5. Sylvia Beyer, «Gender Differences in Causal Attributions by College Students of Performance on Course Examinations», *Current Psychology*, vol. 17, n.º 4 (1998), pp. 346–358.

6. Jessi L. Smith y Meghan Huntoon, «Women's Bragging Rights: Overcoming Modesty Norms to Facilitate Women's Self-Promotion», *Psychology of Women Quarterly*, 20 de diciembre de 2013, <http://intl-pwq.sagepub.com/content/early/2013/12/20/0361684313515840.abstract>.

7. Michelle Haynes y Madeline Heilman, «It Had to Be You (Not Me)! Women's Attributional Rationalization of Their Contribution to Successful Joint Work Outcomes», *Personality and Social Psychology Bulletin*, 7 de mayo de 2013, <http://psp.sagepub.com/content/early/2013/05/03/0146167213486358.full>, <http://www.eurekalert.org/pub_releases/2013-05/sfpa-wws050713.php>.

8. Heather Sarsons, «Gender Differences in Recognition for Group Work», Working Paper, 3 de diciembre de 2015, <http://scholar.harvard.edu/files/sarsons/files/gender_group work.pdf?m=1449178759>; Haynes y Heilman, «It Had to Be You (Not Me)!»

9. Heilman y Chen, «Same Behavior, Different Consequences»; Lise Vesterlund, Linda Babcock y Laurie Weingart, «Breaking the Glass Ceiling with 'No': Gender Differences in Declining

Requests for Non Promotable Tasks», Carnegie Mellon Working Paper, 2013, <http://gap. hks.harvard.edu/breaking-glass-ceiling-%E2%80%9Cno%E2%80%9D-gender-differences-declining-requests-non%E2%80%90promotable-tasks>.

10. Ellen Langer y Arthur Blank, «The Mindlessness of Ostensibly Thoughtful Action: The Role of 'Placebic' Information in Interpersonal Interaction», *Journal of Personality and Social Psychology*, vol. 36, n.º 6 (1978), pp. 635–642.

11. Katharine Ridgway O'Brien, «Just Saying 'No': An Examination of Gender Differences in the Ability to Decline Requests in the Workplace», Society for Industrial and Organizational Psychology, 2015. <http://scholarship.rice.edu/bitstream/handle/1911/77421/OBRIEN DOCUMENT_2014.pdf>.

12. *Ibid.*

13. *Ibid.*

14. Albert Mehrabian, *Silent Messages: Implicit Communication of Emotions and* Attitudes, Belmont, California, Wadsworth Publishing Company, 1981.

15. Entrevista no publicada con la autora en 2014; Amy J. C. Cuddy, Caroline A. Wilmuth, Andy J. Yap y Dana R. Carney, «Preparatory Power Posing Affects Nonverbal Presence and Job Interview Performance», *Journal of Applied Psychology*, 9 de febrero de 2015, <http://dx. doi.org/10.1037/a0038543>.

16. Baden Eunson, *Communicating in the 21st Century,* capítulo 7, <http://www.johnwiley.com. au/highered/eunson2e/content018/web_chapters/eunson2e_web7.pdf>.

17. Judith A. Hall, Erik J. Coats y Lavonia Smith LeBeau, «Nonverbal Behavior and the Vertical Dimension of Social Relations: A Meta-Analysis», *Psychological Bulletin*, vol. 131, n.º 6 (2005), pp. 898–924, <http://www.wisebrain.org/papers/NonverbCommVerticalRels.pdf>.

18. Dana R. Carney, Amy J. C. Cuddy y Andy J. Yap, «Power Posing: Brief Nonverbal Displays Affect Neuroendocrine Levels and Risk Tolerance», *Psychological Science*, vol. 21, n.º 10 (octubre de 2010), pp. 1.363–1.368.

19. «When the Career Woman Vies with Man», *New York Times Magazine*, 26 de octubre de 1930.

20. Christopher F. Karpowitz, Tali Mendelberg y Lee Shaker, «Gender Inequality in Deliberative Participation», *American Political Science Review* (agosto de 2012), pp. 1–15, <http:// www.bu.edu/wgs/files/2014/12/Karpowitz-et-al.-2012.pdf>.

21. Melissa C. Thomas-Hunt y Katherine W. Phillips, «When What You Know Is Not Enough: Expertise and Gender Dynamics in Task Groups», *Personal Social Psychology Bulletin*, vol. 30, n.º 12 (diciembre de 2004), pp. 1.585–1.598, <http://psp.sagepub.com/content/30/ 12/1585.abstract>.

22. Deborah Tannen, *Talking 9 to 5: Women and Men at Work*, Nueva York, William Morrow, 1983, <http://academic.luzerne.edu/shousenick/101–COMPARE-CONTRAST_article_Tannen.doc>. [Hay trad. cast.: *La comunicación entre hombres y mujeres a la hora del trabajo*, Barcelona, Folio, 2001.]

23. Kathryn Heath, Jill Flynn y Mary Davis Holt, «Women, Find Your Voice», *Harvard Business Review*, junio de 2014, <https://hbr.org/2014/06/women-find-your-voice>.

24. *Ibid*.

25. Olivia A. O'Neill y Charles A. O'Reilly III, «Reducing the Backlash Effect: Self-Monitoring and Women's Promotions», *Journal of Occupational and Organizational Psychology*, 2011, <http://www.alphagalileo.org/AssetViewer.aspx?AssetId=40772&CultureCode=en>.

26. Ovul Sezer, Francesca Gino y Michael I. Norton. «Humble-Bragging: A Distinct—and Ineffective—Self-Presentation Strategy», Harvard Business School Working Paper, n.º 15-080, abril de 2015.

27. Michael D. Robinson, Joel T. Johnson y Stephanie A. Shields, «On the Advantages of Modesty: The Benefits of a Balanced Self-Presentation», *Communication Research*, vol. 22, n.º 5 (octubre de 1995), pp. 575–591, <http://crx.sagepub.com /content/22/5/575. abstract>.

28. Vera Hoorens, Mario Pandelaere, Frans Oldersma y Constantine Sedikides, «The Hubris Hypothesis: You Can Self-Enhance, But You'd Better Not Show It», *Journal of Personality*, vol. 80, n.º 5 (octubre de 2012), pp. 1.237–1.274, <http://onlinelibrary.wiley.com/doi/10.1111/j.1467–6494.2011.00759.x/abstract>.

29. Jeffrey Pfeffer, Christina T. Fong, Robert B. Cialdini y Rebecca R. Portnoy, «Overcoming the Self-Promotion Dilemma: Interpersonal Attraction and Extra Help as a Consequence of Who Sings One's Praises», *Personal Social Psychology Bulletin*, octubre de 2006, <http://psp.sagepub.com/content/32/10/1362.short>.

30. Ashley Milne-Tyte, «Women Stay in Jobs Longer Than They Should», *Marketplace*, 17 de julio de 2013, <http://www.marketplace.org/2013/07/17/economy/women-stay-jobs-longer-they-should>.

31. Venessa Wong, «Women Prefer Male Bosses Even More Than Men Do», *Bloomberg*, 16 de octubre de 2014, <http://www.bloomberg.com/news/articles/2014–10–16/women-dislike-having-female-bosses-more-than-men-do>.

32. Peggy Drexler, «Are Queen Bees Real?» *Forbes*, 17 de octubre de 2014, <http://www.forbes.com/sites/peggydrexler/2014/10/17/are-queen-bees-real/#1391e85c83a1>.

33. Leah D. Sheppard y Karl Aquino, «Much Ado About Nothing? Observers' Problematization

of Women's Same-Sex Conflict at Work», *Academy of Management Perspectives*, vol. 27, n.º 1 (2013), pp. 52–62.

34. Joan C. Williams y Rachel Dempsey, *What Works for Women at Work: Four Patterns Working Women Need to Know*, Nueva York, NYU Press, 2014, p. 264; Robin J. Ely, «The Effects of Organizational Demographics and Social Identity on Relationships Among Professional Women», *Administrative Science Quarterly*, vol. 39, n.º 2 (junio de 1994), pp. 203–238, <http://www.jstor.org/stable/2393234?seq=1#page_scan_tab_contents>.

35. Valerie Young, *The Secret Thoughts of Successful Women: Why Capable People Suffer from Imposter Syndrome and How to Thrive in Spite of It*, Nueva York, Crown Business, 2011.

36. Laura Starecheski, «Why Saying Is Believing–The Science of Self-Talk», National Public Radio, 30 de octubre de 2014, <http://www.npr.org/sections/health-shots/2014/10/07/353292408/why-saying-is-believing-the-science-of-self-talk>.

37. Claire Shipman y Katty Kay, *The Confidence Code: The Science and Art of Self-Assurance—What Women Should Know*, Nueva York, HarperCollins, 2014. [Hay trad. cast.: *La clave de la confianza*, México, Océano, 2015.]

38. Sara Rimer, «Social Expectations Pressuring Women at Duke, Study Finds», *New York Times*, 24 de septiembre de 2003.

39. Ashleigh Shelby Rosette y Robert W. Livingston, «Failure is not an option for Black women: Effects of organizational performance on leaders with single versus dual-subordinate identities», *Journal of Experimental Social Psychology*, vol. 48 (2012), pp. 1.162–1.167; V. L. Brescoll, E. Dawson y E. L. Uhlmann, «Hard won and easily lost: The fragile status of leaders in gender-stereotype-incongruent occupations», *Psychological Science*, 2010; Joan C. Williams y Rachel Dempsey, *What Works for Women at Work: Four Patterns Working Women Need to Know*, Nueva York, NYU Press, 2014, p. 228.

40. Angela L. Duckworth *et al.*, «Grit: Perseverance and Passion for Long-Term Goals», *Journal of Personality and Social Psychology*, 2007, <https://www.sas.upenn.edu/~duckwort/images/Grit%20JPSP.pdf>.

41. Carsten Wrosch, Michael F. Scheier, Gregory E. Miller, Richard Schulz y Charles S. Carver, «Adaptive Self-Regulation of Unattainable Goals: Goal Disengagement, Goal Reengagement, and Subjective Well-Being», *Personality and Social Psychology Bulletin*, 2003; Carsten Wrosch *et al.*, «The Importance of Goal Disengagement in Adaptive Self-Regulation: When Giving Up Is Beneficial», *Self and Identity*, n.º 2, pp. 1–20, 2003, <https://www.researchgate.net/profile/Carsten_Wrosch/publication/233264292_The_Importance_of_Goal_Disengagement_in_Adaptive_Self-Regulation_When_Giving_Up_is_Beneficial/links/0c960533315df7b28c000000.pdf>; Society for Personality and Social Psychology, 2003, <https://

www.researchgate.net/profile/Carsten_Wrosch/publication/233264292_The_Importance_
of_Goal_Disengagement_in_Adaptive_Self-Regulation_When_Giving_Up_is_Beneficial/
links/0c960533315df7b28c000000.pdf>.

42. Radostina K. Purvanova y John P. Muros, «Gender Differences in Burnout: A Meta-Analysis»,
Journal of Vocational Behavior, vol. 77, n.º 2 (octubre de 2010), pp. 168–185, <http://www.
sciencedirect.com/science/article/pii/S0001879110000771>.

43. Centers for Disease Control and Prevention, «Percentage of Adults Who Often Felt Very
Tired or Exhausted in the Past 3 Months, by Sex and Age Group», National Health Interview
Survey, United States, 2010–2011», <http://www.cdc.gov/mmwr/preview/mmwrhtml/
mm6214a5.htm>.

44. Youngjoo Cha, «Overwork and the Persistence of Gender Segregation in Occupations»,
Gender & Society, n.º 27 (abril de 2013), pp. 158–184, <http://gas.sagepub.com/content/
27/2/158.full?keytype=ref&siteid=spgas&ijkey=an5gkkROnpdx2>; Youngjoo Cha,
«Overwork, Underwork, and the Health of Men and Women in the United States», 29 de
marzo de 2013, artículo sin publicar, <http://paa2013.princeton.edu/papers/132394>.

45. U.S. Bureau of Labor Statistics, American Time Use Survey Summary, 24 de junio de 2015,
<http://www.bls.gov/news.release/atus.nr0.htm>; «Overwork and the Persistence of Gen-
der Segregation in Occupations», *Gender & Society*, n.º 27 (abril de 2013), pp. 158–184,
<http://gas.sagepub.com/content/27/2/158.full?keytype=ref&siteid=spgas&ijkey=
an5gkkROnpdx2>.

46. Pew Research Center, «Another Gender Gap: Men Spend More Time in Leisure Activities»,
10 de junio de 2013, <http://www.pewresearch.org/fact-tank/2013/06/10/another-gender-
gap-men-spend-more-time-in-leisure-activities>.

47. Catriona Harvey-Jenner, «Women Need More Sleep Than Men and That's a FACT», *Cosmopolitan*, 4 de marzo de 2016.

TERCERA PARTE: TRAMPAS EXPLOSIVAS

1. Sharon Mavin, «Queen Bees, Wannabees and Afraid to Bees: No More Best Enemies for
Women in Management?», *British Journal of Management*, vol. 19, n.º s1 (marzo de 2008),
pp. S75–84, <http://papers.ssrn.com/sol3/papers.cfm?abstract_id=1095907>.

2. Gallup, «Americans Still Prefer a Male Boss to a Female Boss», octubre de 2014, <http://
www.gallup.com/poll/178484/americans-prefer-male-boss-female-boss.aspx>.

3. Marianne Cooper, «For Women Leaders, Likability and Success Hardly Go Hand-in- Hand»,
Harvard Business Review, 30 de abril de 2013, <https://hbr.org/2013/04/for-women-leaders-
likability-a/>.

4. Madeline E. Heilman *et al.*, «Penalties for Success: Reactions to Women Who Succeed at Male Gender-Typed Tasks», *Journal of Applied Psychology*, 2004, <http://search.committee. module.rutgers.edu/pdf/Heilman%20adn%20Wallen%202004.pdf>; Laurie A. Rudman y Peter Glick, «Prescriptive Gender Stereotypes and Backlash Toward Agentic Women», *Journal of Social Issues*, 2001, <http://web.natur.cuni.cz/~houdek3/papers/Rudman%20 Glick%202001.pdf>; Kathleen L. McGinn y Nicole Tempest, «Heidi Roizen», Harvard Business School Case 800–228, enero de 2000, revisado en abril de 2010, <http://hbr.org/product/Heidi-Roizen/an/800228-PDF-ENG>.

5. Entrevista con la autora, 2010.

6. Amy Cuddy, «Just Because I'm Nice, Don't Assume I'm Dumb», *Harvard Business Review*, febrero de 2009.

7. Paula Szuchman, «Are Recommendation Letters Biased Against Women?», *Wall Street Journal*, 15 de noviembre de 2010, <http://blogs.wsj.com/juggle/2010/11/15/are-recommendation-letters-biased-against-women/>.

8. *Ibid.*

9. Lynn Peril, *Swimming in the Steno Pool: A Retro Guide to Making It in the Office*, Nueva York, W.W. Norton, 2011, p. 203.

10. The Center for Legislative Archives online, <http://congressarchives.tumblr.com/post/37712637089/on-december-11–1917-alice-wadsworth-president>.

11. Stephanie A. Shields, «Passionate Men, Emotional Women: Psychology Constructs Gender Difference in the Late 19th Century», *History of Psychology*, vol. 10, n.º 2 (2007), pp. 92–110.

12. Veronica Rocha y Lee Romney, «Black Women Kicked off Napa Wine Train to Sue for Discrimination», *Los Angeles Times*, 1 de octubre de 2015.

13. Alessandra Stanley, «Wrought in Rhimes's Image», *New York Times*, 18 de septiembre de 2014.

14. Huda Hassan, «The Angry Black Woman Must Die», *BuzzFeed*, 31 de julio de 2015.

15. Roxanne A. Donovan, «Tough or Tender: (Dis)Similarities in White College Students' Perceptions of Black and White Women», *Psychology of Women Quarterly*, vol. 35, n.º 3 (2011), pp. 458–468.

16. LeanIn.Org y McKinsey & Co., *Women in the Workplace 2015*, <http://womeninthework place.com/ui/pdfs/Women_in_the_Workplace_2015.pdf>; Sylvia Ann Hewlett y Tai Green, «Black Women Ready to Lead», Center for Talent Innovation, 2015, <http://www.talentinnovation.org/_private/assets/BlackWomenReadyToLead_ExecSumm-CTI.pdf>.

17. Marianne Bertrand y Sendhil Mullainathan, «Are Emily and Greg More Employable than

Lakisha and Jamal? A Field Experiment on Labor Market Discrimination», The National Bureau of Economic Research, 2003, <http://www.nber.org/papers/w9873>.

18. Jay Newton-Small, *Broad Influence: How Women Are Changing the Way America* Works, Nueva York, TIME, 2015.

19. Rosabeth Moss Kanter, «Some Effects of Proportions on Group Life: Skewed Sex Ratios and Responses to Token Women», *American Journal of Sociology*, vol. 82, n.º 5 (marzo de 1977), pp. 965–990.

20. Kimberly E. O'Brien *et al.*, «A Meta-Analytic Investigation of Gender Differences in Mentoring», *Journal of Management*, vol. 35, n.º 2 (2010), pp. 537–554; Herminia Ibarra, Nancy M. Carter y Christine Silva, «Why Men Still Get More Promotions than Women», *Harvard Business Review*, septiembre de 2010; Sylvia Ann Hewlett *et al.*, «The Sponsor Effect: Breaking Through the Last Glass Ceiling», *Harvard Business Review* Research Report, diciembre de 2010, p. 35; Kim Elsesser, *Sex and the Office: Women, Men, and the Sex Partition That's Dividing the Workplace*, Nueva York, Taylor Trade Publishing, 2015. (La primera estadística procede de las investigaciones de la economista Sylvia Ann Hewlett.)

21. Leah D. Sheppard y Karl Aquino, «Much Ado About Nothing? Observers' Problematization of Women's Same-Sex Conflict at Work», *Academy of Management Perspectives*, vol. 27, n.º 1 (2013), pp. 52–62.

22. Madeline E. Heilman, «Description and Prescription: How Gender Stereotypes Prevent Women's Ascent up the Organizational Ladder», *Journal of Social Issues*, vol. 57, n.º 4 (invierno de 2001), pp. 657–674.

23. Andy Martens, Michael Johns, Jeff Greenberg y Jeff Schimel, «Combating stereotype threat: The effect of self-affirmation on women's intellectual performance», *Journal of Experimental Social Psychology*, vol. 42 (2006), pp. 236–243; Marguerite Rigoglioso, «Simple Interventions Bridge the Achievement Gap Between Latino and White Students», *Stanford University News*, 14 de febrero de 2013, <http://news.stanford.edu/news/2013/february/latino-achievement-gap-021413.html>.

24. Joan C. Williams y Rachel Dempsey, *What Works for Women at Work: Four Patterns Working Women Need to Know*, Nueva York, NYU Press, 2014, p. 228; C. M. Steele, S. J. Spencer y J. Aronson, «Contending with group image: The psychology of stereotype and social identity threat», <http://disjointedthinking.jeffhughes.ca/wp-content/uploads/2011/07/Steele-Spencer-Aronson-2002.Contending-with-group-image.pdf>.

25. Ioana M. Latu, Marianne Schmid Mast, Joris Lammers y Dario Bombari, «Successful Female Leaders Empower Women's Behavior in Leadership Tasks», *Journal of Experimental Social Psychology*, vol. 49, n.º 3 (mayo de 2013), pp. 444–448.

26. Chris Wilson, «This Chart Shows Hollywood's Glaring Gender Gap», *Time*, 6 de octubre de 2015.

27. Jessica Bennett, «The Beauty Advantage», *Newsweek*, 19 de julio de 2010.

28. Alison Cook y Christy Glass, «Above the Glass Ceiling: When Are Women and Racial/Ethnic Minorities Promoted to CEO?», *Strategic Management Journal*, vol. 35, n.º 7 (julio de 2014), pp. 1.080–1.089; Ken Favaro, Per-Ola Karlsson y Gary L. Neilson, «Women CEOs of the last 10 years», PwC Strategy&, 29 de abril de 2014, <http://www.strategyand.pwc.com/reports/2013-chief-executive-study>.

29. Michelle K. Ryan, S. Alexander Haslam, Mette D. Hersby y Renata Bongiorno, «Think Crisis–Think Female: The Glass Cliff and Contextual Variation in the Think Manager–Think Male Stereotype», *Journal of Applied Psychology*, vol. 96, n.º 3 (2011), pp. 470–484, <https://www.uni-klu.ac.at/gender/downloads/FP_Ryan_2011.pdf>.

30. Tom Lutz, *Crying: The Natural and Cultural History of Tears,* capítulo 1, <https://www.nytimes.com/books/first/l/lutz-crying.html>;Sandra Newman, «Man, Weeping», *Aeon*, 9 de septiembre de 2015.

31. *Ibid.*

32. *Ibid.*

33. Investigación sin publicar de Kimberly Elsbach de la Universidad de California, Davis; Olga Khazan, «Lean In to Crying at Work», *The Atlantic*, 17 de marzo de 2016.

34. Anne Kreamer, «Why Do Women Cry More Than Men?», *The Daily Beast*, 18 de diciembre de 2010, <http://www.thedailybeast.com/articles/2010/12/18/john-boehner-crying-why-do-women-cry-more-than-men.html>; Richard H. Post, «Tear Duct Size Differences of Age, Sex and Race», Department of Human Genetics, University of Michigan Medical School, <https://deepblue.lib.umich.edu/bitstream/handle/2027.42/37483/1330300109_ftp.pdf?sequence=1>.

35. Jessica Bennett, «Why So Many Women Are Crying at the Gym», *Time*, 20 de octubre de 2014.

36. «Why the Dearth of Statues Honoring Women in Statuary Hall and Elsewhere?», *Washington Post*, 17 de abril de 2011.

CUARTA PARTE: ALZA LA VOZ

1. Jin Ko Sei, C. M. Judd y D. A. Stapel, «Stereotyping Based on Voice in the Presence of Individuating Information: Vocal Femininity Affects Perceived Competence but Not Warmth», *Personal Social Psychology Bulletin*, vol. 35, n.º 2 (febrero de 2009), pp. 198–211; R. C. Anderson, C. A. Klofstad, W. J. Mayew y M. Venkatachalam, «Vocal Fry May Undermine the

Success of Young Women in the Labor Market», *PLoS One* 9, n.º 5 (2014), <http://www.ncbi.nlm.nih.gov/pmc/articles/PMC4037169/>.

2. Jan Hoffman, «Overturning the Myth of Valley Girl Speak», *New York Times*, 23 de diciembre de 2013; Caroline Winter, «What Does How You Talk Have to Do with How You Get Ahead?» *Bloomberg*, 24 de abril de 2014.

3. Amanda Ritchar y Amalia Arvanito, «The Form and Use of Uptalk in Southern Californian English», presentación en el encuentro número 166 de la ASA [Acoustical Society of America] en San Francisco, 5 de diciembre de 2013, <http://acoustics.org/pressroom/http docs/166th/4pSCa2-Ritchart.html>.

4. Ellen Petry Leanse, «Just Say No», *LinkedIn Pulse*, 29 de mayo de 2015.

5. Rich Smith, «I Feel Like We Say 'I Feel Like' All the Time», *The Stranger*, 15 de julio de 2015.

6. Deborah Tannen, entrevista con la autora

7. Joan C. Williams y Rachel Dempsey, *What Works for Women at Work: Four Patterns Working Women Need to Know*, Nueva York, NYU Press, 2014, p. 66.

8. Phyllis Mindell, Ed.D., *How to Say It for Women*, Nueva York, Prentice Hall Press, 2001.

9. Deanna Geddes y Lisa T. Stickney, «Muted Anger in the Workplace: Changing the 'Sound' of Employee Emotion Through Social Sharing», 2012, <http://papers.ssrn.com/sol3/papers.cfm?abstract_id=2731708>.

10. Douglas Quenqua, «They're, Like, Way Ahead of the Linguistic Currrrve», *New York Times*, 27 de febrero de 2012, <http://www.nytimes.com/2012/02/28/science/young-women-often-trendsetters-in-vocal-patterns.html>.

11. Ann Friedman, «Can We Just, Like, Get Over the Way Women Talk?» *New York*, 9 de julio de 2015.

12. Anderson *et al.*, «Vocal Fry May Undermine the Success of Young Women in the Labor Market».

13. «What's the Big Deal About Vocal Fry? An NYU Linguist Weighs In», *NYU News*, 29 de septiembre de 2015, <https://www.nyu.edu/about/news-publications/nyu-stories/lisa-davidson-on-vocal-fry.html>.

14. Anderson *et al.*, «Vocal Fry May Undermine the Success of Young Women in the Labor Market».

15. Jessica Bennett y Rachel Simmons, «Kisses and Hugs in the Office», *The Atlantic*, diciembre de 2012.

16. Roderick I. Swaab *et al.*, «Early Words That Work: When and How Virtual Linguistic Mimicry Facilitates Negotiation Outcomes», *Journal of Experimental Social Psychology*, vol. 47, n.º 3 (mayo de 2011), pp. 616–621.

17. Women's Media Center, «Name It. Change It. Findings from an Online Dial Survey of 800 Likely Voters Nationwide», 2010, <http://www.lakeresearch.com/news/NameItChangeIt/NameItChangeIt.pres.pdf>.

18. R.W., «Obituary: Geraldine Ferraro», *Economist*, 27 de mayo de 2011, <http://www.economist.com/blogs/democracyinamerica/2011/03/obituary>.

19. Marisa Bellack, «I Was Gay Talese's Teaching Assistant. I Quit Because of His Sexism», *Washington Post*, 9 de abril de 2016, <https://www.washingtonpost.com/posteverything/wp/2016/04/09/gay-talese-sexism/>.

QUINTA PARTE: QUE TE DEN. PÁGAME

1. «Women Negotiate Better for Themselves If They're Told It's OK to Do So», *Harvard Business Review*, septiembre de 2014, <https://hbr.org/2014/09/women-negotiate-better-for-themselves-if-theyre-told-its-ok-to-do-so/>; Deborah A. Small, Michele Gelfand, Linda Babcock y Hilary Gettman, «Who Goes to the Bargaining Table? The Influence of Gender and Framing on the Initiation of Negotiation», *Journal of Personality and Social Psychology*, vol. 93, n.º 4 (2007), pp. 600–613.

2. American Association of University Women, «The Simple Truth about the Gender Pay Gap», primavera de 2016, <http://www.aauw.org/research/the-simple-truth-about-the-gender-pay-gap/>.

3. American Association of University Women, «Graduating to a Pay Gap: The Earnings of Women and Men One Year after College Graduation», 2013, <http://www.aauw.org/files/2013/03/Graduating-to-a-Pay-Gap-The-Earnings-of-Women-and-Men-One-Year-after-College-Graduation-Executive-Summary-and-Recommendations.pdf>.

4. Jessica Bennett, «How to Attack the Gender Wage Gap? Speak Up», *New York Times*, 15 de diciembre de 2012.

5. Fiona Greig, «Propensity to Negotiate and Career Advancement: Evidence from an Investment Bank That Women Are on a 'Slow Elevator'», *Negotiation Journal*, vol. 24, n.º 4 (octubre de 2008), pp. 495–508.

6. Linda Babcock y Sara Laschever, *Women Don't Ask: Negotiation and the Gender Divide*, Princeton, New Jersey, Princeton University Press, 2003, <http://www.womendontask.com/stats.html>. [Hay trad. cast.: *Las mujeres no se atreven a pedir: Saber negociar ya no es sólo cosa de hombres*, Barcelona, Amat, 2005.]

7. Nolan Feeney, «Study: Women More Likely to Be Lied to in Negotiations Than Men», *Time*, 3 de agosto de 2014; Laura J. Kray, Jessica A. Kennedy y Alex B. Van Zant, «Not competent enough to know the difference? Gender stereotypes about women's ease of being misled

predict negotiator deception», Organizational Behavior and Human Decision Processes, noviembre de 2014.

8. Chris Guthrie y Dan Orr, «Anchoring, Information, Expertise, and Negotiation: New Insights from Meta-Analysis», *Ohio State Journal on Dispute Resolution*, 2006.

9. Hannah Riley Bowles y Linda Babcock, «How Can Women Escape the Compensation Negotiation Dilemma? Relational Accounts Are One Answer», *Psychology of Women Quarterly*, vol. 37, n.º 1 (2013), pp. 80–96.

10. Hannah Riley Bowles, «Why Women Don't Negotiate Their Job Offers», *Harvard Business Review*, 19 de junio 2014, <https://hbr.org/2014/06/why-women-dont-negotiate-their-job-offers/>.

11. Hannah Riley Bowles y Linda Babcock, «How Can Women Escape the Compensation Negotiation Dilemma?».

12. Hannah Riley Bowles, Linda Babcock y Lei Lai, «Social incentives for gender differences in the propensity to initiate negotiations: Sometimes it does hurt to ask», *Organizational Behavior and Human Decision Processes*, vol. 103, n.º 1 (2007), pp. 84–103.

13. Jennifer L. Holt y Cynthia James DeVore, «Culture, Gender, Organizational Role, and Styles of Conflict Resolution: A Meta-Analysis», *International Journal of Intercultural Relations*, n.º 29 (2005), pp. 165–196.

SEXTA PARTE: ¿QHJ? ¿QUÉ HARÍA JOSH?

1. Carla A. Harris, *Expect to Win: 10 Proven Strategies for Thriving in the Workplace*, Nueva York, Plume Books, 2010.

2. Georges Desvaux, Sandrine Devillard-Hoellinger y Mary C. Meaney, «A Business Case for Women», *The McKinsey Quarterly*, septiembre de 2008, 4, <http://www.womenscolleges. org/files/pdfs/BusinessCaseforWomen.pdf>.

3. Katty Kay y Claire Shipman, *The Confidence Code: The Science and Art of Self-Assurance—What Women Should Know*, Nueva York, HarperCollins, 2014, p. 19. [Hay trad. cast.: *La clave de la confianza*, México, Océano, 2015.]; «Yet Another Explanation for Why Fewer Women Make It to the Top», *Washington Post*, 1 de abril de 2011, <https://www.washingtonpost. com/blogs/post-leadership/post/yet-another-explanation-for-why-fewer-women-make-it-to-the-top/2011/04/01/gIQA2IIP9N_blog.html>.

4. Claire Martin, «Wearing Your Failures on Your Sleeve», *New York Times*, 8 de noviembre de 2014.

5. Sheryl Sandberg, *Lean In*, Nueva York, Knopf, 2013. [Hay trad. cast.: *Vayamos adelante*, Barcelona, Conecta, 2013.]

6. «Gender Study Shows Women Are 'Driven by Fear of Failure'», *Times Higher Education*, 6 de noviembre de 1998, <https://www.timeshighereducation.com/news/gender-study-shows-women-are-driven-by-fear-of-failure/109745.article>.

7. James P. Byrnes, David C. Miller y William D. Schafer, «Gender Differences in Risk Taking: A Meta-Analysis», *Psychological Bulletin*, vol. 125, n.º 3 (mayo de 1999); pp. 367–383; Catherine C. Eckel y Phillip J. Grossman, «Men, Women, and Risk Aversion: Experimental Evidence», en *Handbook of Experimental Economics Results*, vol. 1, ed. Charles R. Plott y Vernon L. Smith, Amsterdam, 2008, pp. 1.061–1.173.

8. Adam Grant, *Originals: How Non-Conformists Move the World*, Nueva York, Viking Books, 2016. [Hay trad. cast.: *Originales: Cómo los inconformistas mueven el mundo*, Barcelona, Paidós, 2017.]

9. Thomas Gilovich y Victoria Husted Medvec, «The Experience of Regret: What, When, and Why», *Psychological Review*, vol. 102, n.º 2 (abril de 1995), pp. 379–395, <http://dx.doi.org/10.1037/0033-295X.102.2.379>.

10. Madeline E. Heilman y Julie J. Chen, «Same Behavior, Different Consequences: Reactions to Men's and Women's Altruistic Citizenship Behavior», *Journal of Applied Psychology*, vol. 90, 2005, pp. 431–441; Lise Vesterlund, Linda Babcock y Laurie Weingart, «Breaking the Glass Ceiling with 'No': Gender Differences in Declining Requests for Non-Promotable Tasks», 2013, <http://gap.hks.harvard.edu/breaking-glass-ceiling-%E2%80%9Cno%E2%80%9D-gender-differences-declining-requests-non%E2%80%90promotable-tasks>; Katharine Ridgway O'Brien, «Just Saying 'No': An Examination of Gender Differences in the Ability to Decline Requests in the Workplace», tesis doctoral, Rice University, 2014, <https://scholarship.rice.edu/handle/1911/77421?show=full>.

11. Neil Irwin, «How Some Men Fake an 80-Hour Workweek, and Why It Matters», *New York Times*, 4 de mayo de 2015; investigación original: Erin Reid, «Embracing, Passing, Revealing, and the Ideal Worker Image: How People Navigate Expected and Experienced Professional Identities», *Organizational Science*, 20 de abril de 2015.

12. Catherine C. Eckel y Phillip J. Grossman, «Men, Women, and Risk Aversion: Experimental Evidence», en C. Plott y V. Smith, ed., *Handbook of Experimental Economics Results*, vol. 1, cap. 113, pp. 1.061–1.073, 2008; Doug Sundheim, «Do Women Take as Many Risks as Men?», *Harvard Business Review*, 27 febrero de 2013, <https://hbr.org/2013/02/do-women-take-as-many-risks-as/>.

13. *Ibid.*

14. Madeline E. Heilman y Michelle C. Haynes, «No Credit Where Credit Is Due: Attributional Rationalization of Women's Success in Male-Female Teams», *Journal of Applied Psychology*, vol. 90, n.º 5 (septiembre de 2005), pp. 905–916. <http://dx.doi.org/10.1037/0021-9010.90.5.905>.

15. Eugene Caruso, Nicholas Epley y Max H. Bazerman, «The Costs and Benefits of Undoing

Egocentric Responsibility Assessments in Groups», *Journal of Personality and Social Psychology*, vol. 91, n.º 5 (noviembre de 2006), pp. 857–871.

16. Baden Eunson, *Communicating in the 21st Century*, cap. 7, <http://www.johnwiley.com.au/highered/eunson2e/content018/web_chapters/eunson2e_web7.pdf>.

17. Christopher F. Karpowitz, Tali Mendelberg y Lee Shaker, «Gender Inequality in Deliberative Participation», *American Political Science Review* (agosto de 2012), pp. 1–15, <http://www.bu.edu/wgs/files/2014/12/Karpowitz-et-al.-2012.pdf>.

18. Sheryl Sandberg y Adam Grant, «Madam C.E.O., Get Me a Coffee», *New York Times*, febrero de 2015, <http://www.nytimes.com/2015/02/08/opinion/Sunday/sheryl-sandberg-and-adam-grant-on-women-doing-office-housework.html>.

19. Joan C. Williams y Rachel Dempsey, *What Works for Women at Work: Four Patterns Working Women Need to Know*, Nueva York, NYU Press, 2014; Madeline E. Heilman y Julie J. Chen, «Same Behavior, Different Consequences: Reactions to Men's and Women's Altruistic Citizenship Behavior», *Journal of Applied Psychology*, vol. 90, n.º 3 (mayo de 2005), pp. 431–441, <http://dx.doi.org/10.1037/0021-9010.90.3.431>.

20. Constance Gager y Scott Yabiku, «Who Has the Time? The Relationship Between Household Labor Time and Sexual Frequency», *Journal of Family Issues*, febrero de 2010.

21. Scott Coltrane, «Research on Household Labor: Modeling and Measuring the Social Embeddedness of Routine Family Work», *Journal of Marriage and Family*, noviembre de 2000.

22. Lourdes García-Navarro, «Same-Sex Couples May Have More Egalitarian Relationships», NPR's *All Things Considered*, 29 de diciembre de 2014.

23. B. Heilman, G. Cole, K. Matos, A. Hassink, R. Mincy y G. Barker, «State of America's Fathers: A MenCare Advocacy Publication», Washington, DC: Promundo-US, <http://men-care.org/soaf/download/PRO16001_Americas_Father_web.pdf>.

24. A. Croft, T. Scmader, K. Block y A. S. Baron, «The Second Shift Reflected in the Second Generation: Do Parents' Gender Roles at Home Predict Children's Aspirations?», *Psychological Science*, julio de 2014.

25. Jamie Ladge, Beth Humberd, Brad Harrington y Marla Watkins, «Updating the Organization Man: An Examination of Involved Fathering in the Workplace», *Academy of Management Perspectives*, 7 de octubre de 2014.

26. Stephanie L. Brown, Dylan M. Smith, Richard Schulz, Mohammed U. Kabeto, Peter A. Ubel, Michael Poulin, Jaehee Yi, Catherine Kim y Kenneth M. Langa, «Caregiving Behavior Is Associated with Decreased Mortality Risk», *Psychological Science*, abril de 2009.

27. Formación de Facebook contra los prejuicios de género, <https://managingbias.fb.com>.

28. Cristian L. Dezsö y David Gaddis Ross, «Does Female Representation in Top Management

Improve Firm Performance? A Panel Data Investigation», *Strategic Management Journal*, vol. 33, n.º 9 (septiembre de 2012), pp. 1.072–1.189; Cedric Herring, «Does Diversity Pay? Race, Gender, and the Business Case for Diversity», *American Sociological Review*, vol. 74, n.º 2 (abril de 2009), pp. 208–224.

29. Alison Cook y Christy Glass, «Do women advance equity? The effect of gender leadership composition on LGBT-friendly policies in American firms», *Human Relations*, vol. 69, n.º 7 (febrero de 2016), pp. 1.431–1.456.

¡CÓMO PONER EN MARCHA UN CLUB DE LA LUCHA FEMINISTA!

1. Marilyn Yalom y Theresa Donovan Brow, *The Social Sex: A History of Female Friendship*, Nueva York, Harper Perennial, 2015.